本丛书的出版得到国家语言文字工作委员会重大科研项目
"'国家语言能力'内涵及提升方略研究"（项目编号：ZDA135-7）经费资助
"十四五"时期国家重点出版物出版专项规划项目

国家语言能力研究丛书　　总主编　文秋芳

巴西
国家语言能力研究

张方方　庞若洋　著

外语教学与研究出版社
FOREIGN LANGUAGE TEACHING AND RESEARCH PRESS
北京 BEIJING

图书在版编目（CIP）数据

巴西国家语言能力研究 / 张方方，庞若洋著. —— 北京：外语教学与研究出版社，2024.4
（国家语言能力研究丛书 / 文秋芳总主编）
ISBN 978-7-5213-5187-3

Ⅰ. ①巴⋯ Ⅱ. ①张⋯ ②庞⋯ Ⅲ. ①语言能力－研究－巴西 Ⅳ. ①H0

中国国家版本馆 CIP 数据核字 (2024) 第 072452 号

巴西国家语言能力研究
BAXI GUOJIA YUYAN NENGLI YANJIU

出 版 人	王　芳
项目负责	步　忱
责任编辑	秦启越
责任校对	段长城
封面设计	锋尚设计
版式设计	涂　俐
出版发行	外语教学与研究出版社
社　　址	北京市西三环北路 19 号（100089）
网　　址	https://www.fltrp.com
印　　刷	北京九州迅驰传媒文化有限公司
开　　本	650×980　1/16
印　　张	10.25
字　　数	149 千字
版　　次	2024 年 4 月第 1 版
印　　次	2024 年 4 月第 1 次印刷
书　　号	ISBN 978-7-5213-5187-3
定　　价	49.90 元

如有图书采购需求，图书内容或印刷装订等问题，侵权、盗版书籍等线索，请拨打以下电话或关注官方服务号：
客服电话：400 898 7008
官方服务号：微信搜索并关注公众号"外研社官方服务号"
外研社购书网址：https://fltrp.tmall.com

物料号：351870001

出版前言

在把我国建设成为社会主义现代化强国的进程中，国家语言能力的重要作用日益受到重视。国家语言能力建设不单单是局限于语言文字领域的行政事务，同时还是国家"软实力"建设的重要组成部分。在此背景下，北京外国语大学国家语言能力发展研究中心承担了国家语言文字工作委员会重大科研项目"'国家语言能力'内涵及提升方略研究"。在项目首席专家文秋芳教授的带领下，课题组对中国、法国、德国、俄罗斯等国家语言能力的发展历史与现状进行了深入研究。项目成果"国家语言能力研究丛书"（下称丛书）由外语教学与研究出版社陆续出版。2021年12月，丛书入选"十四五"时期国家重点出版物出版专项规划项目。

丛书以文秋芳教授提出的国家语言能力新理论框架为基础，对包括中国、法国、德国、俄罗斯在内的多个国家的国家语言能力进行个案式的研究，梳理其国家语言能力建设的历史，重点考察其国家语言治理能力、国家语言核心能力、国家语言战略能力，并在此基础上归纳与提炼国家语言能力建设的特点，探讨其中的经验及教训。丛书具有选题引领性、理论创新性和研究系统性。

作为开放性系列，丛书聚焦多国的国家语言能力建设，将在数年内陆续与读者见面。希望丛书能为语言政策研究者、语言文字工作者、语言专业教师及硕博研究生提供文献资料和数据参考，并助力广大读者深入了解国家语言能力这一概念，增进对国家语言文字工作的理解和支持，从而为我国的国家语言能力建设事业做出积极贡献。

外语教学与研究出版社

2024年3月

目 录

总序 vii
前言 x

第一章　巴西国家语言能力历史回顾 1

1.1 巴西社会语言的四个发展阶段 5
1.1.1　第一阶段：原住民语言期 6
1.1.2　第二阶段：葡萄牙语等多语言共存期 8
1.1.3　第三阶段：葡萄牙语主导期 10
1.1.4　第四阶段：现代葡萄牙语发展期 18

1.2 近现代巴西国家语言能力的发展 22
1.2.1　新共和国时期葡萄牙语的规范与教育政策 ... 22
1.2.2　新共和国时期原住民语言政策 25
1.2.3　新共和国时期移民语言政策与外语教育政策 ... 29
1.2.4　新共和国时期葡萄牙语的海外推广 31

1.3 小结 34

第二章　巴西国家语言治理能力建设 35

2.1 巴西国家语言治理机构体系建设 36
2.1.1　语言治理官方机构 36
2.1.2　语言治理学术机构 40

2.2 巴西国家语言规划的制定与实施 43
2.2.1　地位规划主要法律 44

iii

  2.2.2 本体规划主要法律 46
  2.2.3 习得规划主要法律 49
  2.2.4 葡萄牙语官方语言地位在法律中的隐性体现 52
 2.3 巴西国家语言生活研究与交流 57
  2.3.1 语言生活研究 58
  2.3.2 科研成果交流 58
 2.4 小结 59

第三章 巴西国家语言核心能力建设 60
 3.1 巴西国家通用语普及 61
  3.1.1 以教育体系为依托的国家通用语普及 61
  3.1.2 大众媒体与葡萄牙语普及 71
 3.2 巴西国家通用语规范使用 74
  3.2.1 巴西葡萄牙语语法规范的发展 74
  3.2.2 巴西葡萄牙语规范词典的发展 77
 3.3 巴西国家语言智能化 78
  3.3.1 巴西国家自然语言处理 78
  3.3.2 巴西国家机器翻译能力 82
  3.3.3 巴西葡萄牙语学习资源与语料库建设 82
 3.4 巴西国家语言和谐生活建设 88
  3.4.1 面向原住民群体的语言政策 89
  3.4.2 面向外国移民的语言政策 90
  3.4.3 巴西手语 91
 3.5 小结 93

第四章 巴西国家语言战略能力建设 96
 4.1 巴西国家外语教育政策 96
  4.1.1 外语教育的历史 96
  4.1.2 现行法律文件 99

4.1.3　政策实施情况 102
　　　4.1.4　高等教育中的外语教育 103
　　　4.1.5　巴西汉语教育 104
　4.2　巴西国家通用语国际拓展 111
　　　4.2.1　葡萄牙语国际拓展机构 111
　　　4.2.2　巴西葡萄牙语水平测试 114
　　　4.2.3　对外葡萄牙语师资培养 116
　4.3　巴西国家语言人才资源掌控 119
　4.4　巴西国家对外话语表述 121
　　　4.4.1　话语战略事务管理能力 121
　　　4.4.2　国家领导人话语能力 123
　　　4.4.3　国家机构话语能力 124
　　　4.4.4　国家媒体话语能力 126
　　　4.4.5　国家话语外译能力 128
　4.5　小结 131

第五章　总结与启示 133

参考文献 138

总　序

"国家语言能力研究丛书"是2018年国家语言文字工作委员会（简称"国家语委"）重大科研项目"'国家语言能力'内涵及提升方略研究"的系列研究成果之一。该项目是国家语委首批立项的重大科研项目，立项的背景是，我国已经成为世界第二大经济体，比任何时候都更接近世界舞台中央，但我国的国家语言能力与综合国力不相匹配。国家语言能力是"政府运用语言处理一切与国家利益相关事务的能力"。它是国家软实力的标志，也是硬实力的支撑。在和平与发展成为时代主题时，国家语言能力与国家军事实力发挥着同等重要的作用。国家军事实力展现的是使用"硬武器"的成效，国家语言能力展现的是使用"软武器"的成效。国家层面的外交、军事、经济、文化等各领域的活动都需要强大的国家语言能力作为保障。

2016年"国家语言能力"首次写入教育部与国家语委制定的《国家语言文字事业"十三五"发展规划》。该规划中明确写道："到2020年，在全国范围内基本普及国家通用语言文字，全面提升语言文字信息化水平，全面提升语言文字事业服务国家需求的能力，实现国家语言能力与综合国力相适应。"从本质上说，国家语言能力的强盛取决于国家综合国力，但国家综合国力的强大不会自动地促成国家语言能力的提升。换句话说，强国可助强语，强语可助强国，但这并不意味着强国定能强语。在目前我国综合国力不断增强的形势下，迫切需要我国政府加强领导，社会组织和学者群体高度关注，以形成共识，从战略层面进行规划，并采取相应措施，使我国国家语言能力与综合国力相匹配，让国家语言能力助推综合国力，实现更好更快的发展。这就是本课题的重大战略意义。

本课题组自获批"'国家语言能力'内涵及提升方略研究"这一重大科研项目以来，深知责任重大、意义深远。本人在前期研究基础之上，提出了国家语言能力"三角理论框架"，即国家语言能力由三部分组成：（1）国家语言治理能力；（2）国家语言核心能力；（3）国家语言战略能力。这三个分项能力又各涵盖3—4个维度：国家语言治理能力包括治理机构体系构建、规划制定与实施、语言生活研究与交流；国家语言核心能力涉及国家通用语普及、国家通用语规范使用、国家语言智能化与国家语言和谐生活建设；国家语言战略能力则包括国家外语教育、国家通用语国际拓展、国家语言人才资源掌控和国家对外话语表述。在这一理论框架中，三个分项能力形成了一个稳定的三角形。国家语言治理能力位于顶端，指政府处理国内国外两类语言事务的效力和效率，具有全局性和统领性特点，决定着核心和战略两类能力的发展方向和效果。国家语言核心能力具有基础性和先导性特点，是国家政治安全、领土完整、社会和谐、经济发展、文化繁荣、信息安全等的压舱石，是国家语言战略能力发展的前提，应置于国家语言能力建设的优先位置。国家语言战略能力着眼未来，具有前瞻性和长远性特点，是国家对外开放、维护国家主权、塑造国家形象、提升国家国际地位的支柱，对国家语言核心能力建设有促进作用。国家语言核心能力和国家语言战略能力又反作用于国家语言治理能力的建设和发展。

在此基础上，本人和张天伟教授、杨佳博士后、董希骁教授、詹霞副教授、戴冬梅教授、李迎迎教授、邵颖副教授、张佳琛博士、董丹博士、汪波副教授等人共同努力，以国家语言能力新理论框架为依据，融合中外视角，对中国、罗马尼亚、德国、法国、俄罗斯、马来西亚、荷兰、意大利、韩国等国家的语言能力开展了个案式的深入调查分析。《新中国国家语言能力研究》《罗马尼亚国家语言能力研究》是团队取得的首批研究成果。《新中国国家语言能力研究》全面展现了中华人民共和国成立以来中国政府在国家语言治理能力、国家语言核心能力和国家语言战略能力三个方面取得的辉煌成就，彰显了中国国家语言能力的优势，同时也审视其不足之处，并提出了相应的建设性意见。《罗马尼亚国家语言能力研究》梳理了罗马尼亚国家语言能力建设历史，并对其发展特点进行了总结和归纳，为探究中国和罗马尼亚两国在国家语言能力建设目标、路径和模式上存在的差异提供了独特的视角和丰富的材料。继《新中国国家语言能力研究》《罗马尼亚国家语言能力研究》之后，《德国国家语言能力研究》《法国国家语言能力研究》《俄罗斯国家语言能力研究》《马来西亚国家语言能力研究》《荷兰国家语言能力研究》《意大利国家语言能力研究》《韩国国家语言能力研究》等也将陆续与读者见面。通过这套丛书的出版，我们希望能够为学界提供双向互动比较的内外视角，探究中国和其他国家语言能力发展体系的异同，由此借鉴外国经验，提出提升我国国家语言能力的策略，最终将我国建设成世界语言文字强国。丛书旨在抛砖引玉，期待各位专家学者不吝指教。

文秋芳

国家语言能力发展研究中心 / 中国外语与教育研究中心

2021 年 5 月 1 日，劳动节

前　言

"国家语言能力"（National Language Capacity）这一概念由美国学者R. D. Brecht 和 A. R. Walton 于 1993 年提出，2011 年经文秋芳教授引进后在国内学界引发了广泛的关注和热烈的讨论。在学界不断深入的研究与推动下，人们逐渐认识到国家语言能力建设在国家发展进程中的重要作用。作为国家语委重大科研项目"'国家语言能力'内涵及提升方略研究"的研究成果之一，本书以文秋芳教授提出的国家语言能力新理论框架为理论基础，针对巴西国家语言能力展开论述与分析，以期让更多的读者了解"国家语言能力"这一概念，并对巴西国家语言能力建设情况有更深入的认识。

就研究对象的重要性而言，巴西作为南美洲第一大经济体和南半球最具代表性的发展中国家之一，其国土面积约 851.58 万平方千米，占南美洲陆地总面积的 47.3%，[1] 人口数量 2.031 亿，居世界第七位，经济总量居世界第九位，[2] 是国际政治经济舞台上的一股重要力量。一方面，巴西与我国分属西半球和东半球最大的发展中国家，具有相似的发展历程，巴西国家语言能力建设的政策措施及实施效果对我国而言具有借鉴意义；另一方面，巴西和我国互为全面战略伙伴，在两国合作交流日渐密切的背景下，围绕巴西开展国别研究、推动双方语言和教育文化交流互鉴具有必要性与现实性。

---

[1] 数据来源：https://www.gov.br/mre/pt-br/embaixada-bogota/o-brasil/geografia（2024 年 3 月 1 日读取）。

[2] 数据来源：https://www.cnnbrasil.com.br/economia/macroeconomia/fmi-lista-as-20-maiores-economias-do-mundo-em-2023-veja-posicao-do-brasil/（2024 年 3 月 1 日读取）。

就相关研究现状而言，近年来，国内学界对巴西国别研究的关注度虽有所提升，但以该国语言政策或语言规划为研究对象的成果数量相对较少，为数不多的研究成果多聚焦于巴西原住民语言政策、外语教育政策、语言推广政策等特定议题的演变与发展，较少以系统的视角来整体分析巴西的语言生态、语言政策与语言规划，也鲜少将其与国家发展联系在一起，从国家语言能力建设的维度来探讨这一主题。相较而言，国外学界从历史发展、政策分析、国际传播、殖民话语批判等多元视角来审视巴西的语言政策与语言规划，成果更为丰富，为本书的撰写提供了有益的启示与文献基础。然而，上述成果在内容上虽已涉及国家语言能力的内涵，但大多只是围绕特定的议题展开论述，未从整体视角探讨巴西的国家语言能力建设。这一空白也为本书的研究指明了方向。

本书共分为五章，对巴西国家语言能力建设的历史发展与现状进行了较为全面的梳理与分析：第一章对巴西社会语言发展与国家语言能力建设历程进行了简单回顾；第二至四章参照文秋芳教授在2019年提出的国家语言能力新理论框架，分别对巴西的国家语言治理能力、国家语言核心能力和国家语言战略能力的建设情况进行探讨；第五章以前四章为基础，归纳并提炼出巴西国家语言能力建设的特点和启示意义，以期为我国国家语言能力建设提供参考。

感谢文秋芳教授对本书的写作给予大力指导和支持，感谢北京外国语大学西葡语学院2021级研究生陈莹和2020级本科生谭佳琳提供部分文字资料。受时间和精力所限，书中难免存在不妥之处，还请学界各位专家和读者不吝赐教。

张方方　庞若洋
2024年1月1日

第一章
巴西国家语言能力历史回顾

巴西联邦共和国（República Federativa do Brasil），简称巴西（Brasil），国土面积约为851.58万平方千米，居全球第五位；位于南美洲东部，北接法属圭亚那、苏里南、圭亚那、委内瑞拉和哥伦比亚，西部毗邻秘鲁、玻利维亚，南部与巴拉圭、阿根廷和乌拉圭接壤，东部濒临大西洋。巴西全国共分26个州和1个联邦区，州下设市，全国共有5,570个市。根据巴西国家地理统计局（Instituto Brasileiro de Geografia e Estatística，简称IBGE）发布的数据，2022年巴西总人口为2.031亿，[1] 是世界第七人口大国，人口数量仅次于中国、印度、美国、印度尼西亚、巴基斯坦和尼日利亚。历史上巴西多次成为大规模移民目的地，其民族构成比较复杂。巴西人口中，黑白混血种人占45.35%，白种人占43.46%，黑种人占10.17%，黄种人和印第安人等占1.02%。巴西的宗教以天主教为主，约50%的居民信奉天主教，31%的居民信奉基督教福音教派。[2] 葡萄牙语是巴西宪法规定的官方语言，英语、西班牙语为巴西的主要外语。巴西是南美洲唯一以葡

---

[1] 数据来源：https://agenciadenoticias.ibge.gov.br/agencia-noticias/2012-agencia-de-noticias/noticias/37237-de-2010-a-2022-populacao-brasileira-cresce-6-5-e-chega-a-203-1-milhoes（2023年7月5日读取）。

[2] 参见"巴西国家概况"，https://www.mfa.gov.cn/web/gjhdq_676201/gj_676203/nmz_680924/1206_680974/1206x0_680976/（2024年4月15日读取）。

萄牙语为官方语言的国家，周围几乎全是西班牙语国家。

除手语外，巴西的语言可分为五类：一是官方语言葡萄牙语，是葡萄牙殖民者的文化遗产，受到巴西其他语言的影响，巴西葡萄牙语已经和欧洲葡萄牙语（即葡萄牙本土的葡萄牙语）产生了一些差异；二是原住民语言，起源于南美大陆的原住民，例如瓜拉尼语（Guarani）、卡因岗语（Kaingáng）、巴尼瓦语（Baniwa）、图卡诺语（Tukáno）等；三是移民语言，历史上大规模的移民浪潮将欧洲、亚洲和中东的语言带到了巴西，在几个世纪的变迁中形成了独有的语言特点，成为移民后裔群体的身份象征，例如塔利亚语（Talian）、洪斯吕克语（Hunsrückisch）、波美拉尼亚语（Pomerano）等；四是非裔巴西语言，指的是在巴西使用的源于非洲的语言，被贩卖至巴西的黑人奴隶带来的非洲语言与葡萄牙语接触后产生了各种简化与变体，形成了独特的非裔巴西语言；五是混合语，例如生活在巴西阿马帕州的加利比-马尔沃诺人（Galibi-Marwórno）、卡里普纳人（Karipuna）和帕利库尔人（Palikur）说的是一种由法语和来自法属圭亚那与苏里南的非洲语言及原住民语言融合形成的混合语。

巴西国家地理统计局2010年人口普查的调查数据显示，从个人申报的标准来看，巴西共有305个不同的原住民族群，共使用274种原住民语言（IBGE 2012∶90）。[1] 巴西的原住民语言可分为图皮语系和马克鲁杰语系，涉及40个语族，另外有13种孤立语言无法归类（Rodrigues 1986∶134）。2010年人口普查并没有将巴西的移民语言、非裔巴西语言和混合语囊括在内。如上文所述，巴西阿马帕州北部有三个原住民群体使用以法语为基础的混合语（Moore 2011∶228）。这种混合语最初是在巴西境外发展起来的，但如今约有7,000名巴西人使用该语言。

所谓移民语言，即由移民带来的约56种语言，这些语言在历史上曾

---

[1] 巴西国家地理统计局收集语言数据时，采用的调查方法是向原住民提问："你在家里讲什么语言？"而原住民的回答包含了许多语言学家认为已经灭绝的语言。由于一种语言是否已经灭绝是很难确定的，且这一调查方法无法衡量被统计者的知识水平，因此统计结果远远超过目前有证据表明尚在使用的原住民语言数量。

遭受严重的压制。移民语言常被视为外国语言，但实际上，它们是上百万巴西人的母语。移民语言主要存在于巴西的南部和东南部地区。其中，日语、塔利亚语、波美拉尼亚语、洪斯吕克语、德语和韩语等是当今巴西使用人数较多的移民语言。

非裔巴西语言的起源可以追溯到在巴西持续了三个多世纪的黑奴贸易，当时约有400万非洲人被贩卖至巴西，带来了大约200种语言（Lucchesi *et al.* 2009：59）。这些语言主要属于非洲语言中的亚非语系和尼日尔-刚果语系，后者占比更多，因此，大量黑人及其后裔在巴西使用班图语系和夸语系的语言。

除了上述巴西存在的多种语言外，巴西葡萄牙语内部也有很大的差异，其中既有地区差异，也有社会差异。因此，毋庸置疑的是，巴西是一个多语言的国家。根据巴西境内使用的语言数量估计，巴西是世界上语言多样性最丰富的八个国家之一。[1] 然而，由于大多数巴西人只讲一种语言，即葡萄牙语，法律和媒体忽视了其他语言的使用者，因此很多人仍然认为巴西是一个单一语言的国家。

如今，巴西的语言多样性正受到威胁。16世纪初葡萄牙殖民者到来时，巴西境内至少有1,078种原住民语言，其中只有不到30%留存至今（Rodrigues 1993）。根据巴西国家地理统计局2010年人口普查对5岁以上原住民的统计数据，其中37.4%的人会讲原住民语言，76.9%的人掌握葡萄牙语；在原住民居留地，22.9%的原住民语言使用人数不超过10人，51.9%的原住民语言使用人数不超过100人，具体见表1.1。使用人数在500人以上的语言仅占原住民语言总数的三分之一，在这些语言中，只有不到10%的语言使用人数超过2,000人（IPHAN 2016：23）。使用人数较多的原住民语言是蒂库纳语（Tikúna）、瓜拉尼凯奥瓦语（Guarani Kaiowá）、卡因岗语和夏文特语（Xavánte）等，具体见表1.2。

---

[1] 详情参见：http://e-ipol.org/educacao-linguistica/politicas-linguisticas-no-brasil-o-reconhecimento-das-linguas-brasileiras-e-as-demandas-por-acoes-articuladas-e-inovadoras（2023年8月25日读取）。

因此语言史文献记载相对不足。直到19世纪中叶，葡萄牙语母语人群仅占巴西人口的三分之一，其余三分之二的人口由印第安原住民和非洲劳工组成，他们被迫学习葡萄牙语并将其作为交流语言（Lucchesi 2017）。

在讨论巴西社会语言发展时，不仅要关注葡萄牙语自身的演变，还要考虑印第安原住民语言、非洲语言与葡萄牙语的不断融合与变迁。巴西语言学家卢凯西（Lucchesi 2017）指出，从更广泛的角度来看，巴西社会语言的发展大致经历了四个阶段：原住民语言期（1000—1532年）、葡萄牙语等多语言共存期（1532—1695年）、葡萄牙语主导期（1695—1930年）、现代葡萄牙语发展期（1930年至今）。[1]本节将按此顺序，对巴西社会语言的四个发展阶段进行简要梳理和分析。

1.1.1　第一阶段：原住民语言期

1500年，一支葡萄牙船队抵达巴西东北部巴伊亚海岸的塞古罗港，从此，巴西为世界所知。然而，在葡萄牙人到来之前，在巴西这片土地上已经生活着100万至500万印第安人，印第安人部落语言多达1,078种（Rodrigues 1993；富斯特 1956：21）。当时，在大西洋沿岸使用较广泛的语言是图皮语（Tupi）和图皮纳巴语（Tupinambá），前者见于圣保罗地区，后者见于从里约热内卢到亚马孙河口的区域，这两种语言均属图皮语系。图皮人起源于亚马孙河南岸支流马德拉河和欣古河之间的地区，约于1,000年后沿着巴西海岸线（从圣保罗到亚马孙河口）进行扩张（Urban 1992）。

图皮人的语言对巴西的社会语言史产生了重大影响。葡萄牙人到达巴西后，为了与当地人沟通交流，便学起了图皮纳巴语。耶稣会（Companhia de Jesus）[2]传教士使用该语言作为传教的工具，将《圣经》

---

[1] 巴西学界对于巴西语言发展阶段的划分还未达成一致，如塞拉菲姆·达席尔瓦·内图（Serafim da Silva Neto）等学者认为应当以葡萄牙语的发展为主，以葡萄牙开始殖民统治时为第一阶段的起点。

[2] 天主教主要修会之一，1534年由西班牙神父圣伊格纳修·罗耀拉（Saint Ignatius of Loyola）创立于巴黎，旨在反对欧洲的宗教改革运动。第一批耶稣会传教士于1549年抵达巴西。

翻译成图皮纳巴语，并称这种语言为"巴西语"（língua brasílica）。传教士用巴西语编写语法书和词典。例如，若泽·德安奇埃塔（José de Anchieta）神父于1595年出版了一本语法书，即《巴西沿海地区最常用语言语法》（Arte de Gramática da Língua mais usada na Costa do Brasil）；1618年，安东尼奥·德阿劳若（Antônio de Araújo）神父出版了《巴西语教义》（Catecismo na Língua Brasílica），这是第一本巴西语版的基督教教义，辅助传教士在巴西进行了近两个世纪的传教工作；1621年的一份匿名手稿收录了耶稣会传教士的词典——《巴西语词汇》（Vocabulário na Língua Brasílica），该词典于1938年出版。在殖民活动的边缘地区，例如圣保罗地区和亚马孙地区，图皮语和图皮纳巴语分别是这两个地区的交流语言。在这些地区，葡萄牙殖民者的身影并不常见，但葡萄牙人与原住民妇女结合生育的情况很普遍，他们的孩子被称为马穆鲁克人（Mameluco）。在马穆鲁克社会中，图皮语和图皮纳巴语的简化变体占据主导地位，从17世纪下半叶起，这些语言被称为"通用语"（língua geral）。

圣保罗地区的通用语以图皮语为基础，于17世纪被探险者带到了该语族的印第安人从未去过的地区，影响了巴西人的常用语言，在18世纪逐渐衰落，最终于19世纪消失。亚马孙地区的通用语以图皮纳巴语为基础，在19世纪被称为涅恩加图语（Nheengatu，意为"好语言"），随后逐渐衰落。但是亚马孙通用语至今仍在使用，尤其是在内格罗河流域，它是位于亚马孙州的圣加布里埃尔－达卡舒埃拉市的官方语言之一，也是印第安人与非印第安人之间或不同语言的印第安人之间的交流语言。[1]

现当代巴西很多人名、地名、动植物名称和常用词汇，例如guri（男童）和mingau（面糊），都来自图皮语和图皮纳巴语。在巴西葡萄牙语中，约10,000个单词来源于图皮人的语言，可以说，图皮人对巴西葡萄牙语的贡献是巨大的（Chaves de Melo 1981：41）。

---

1 详情参见：https://pib.socioambiental.org/pt/L%C3%ADnguas（2023年7月15日读取）。

1.1.2 第二阶段：葡萄牙语等多语言共存期

第二阶段起始的标志是葡萄牙人在巴西海岸的定居。1530年，葡萄牙国王唐·若昂三世（Dom João III）命令马蒂姆·阿丰索·德索萨（Martim Afonso de Sousa）率船队远征巴西，这被史学家认为是葡萄牙向巴西正式移民的开始，其重要标志是于1532年建立的圣维森特和皮拉堤尼加两个居民点，以及巴西历史上第一家制糖作坊（Domingues & Fiusa 1996:38）。这一阶段一直延续到1695年，即帕尔马雷斯的"基隆布"（Quilombo）[1]的溃败和米纳斯吉拉斯州地区首次发现黄金和宝石的时间。

第二阶段的特点是葡萄牙语、原住民语言、非洲语言等多种语言共存。如上文所述，巴西内陆地区使用数百种原住民语言，沿海地区则广泛使用图皮语和图皮纳巴语，以及由它们演变而来的通用语。圣保罗通用语和亚马孙通用语是原住民之间、原住民与葡萄牙人之间以及踏上巴西这片土地的其他人之间交流的非正式语言，也是对原住民进行教化的基本工具。葡萄牙语作为国家的官方语言，主要用于与殖民管理有关的官方法律和文件中。也就是说，通用语是当时巴西民众广泛使用的语言，而葡萄牙语的使用范围仅限于一小部分人。随着葡萄牙人与原住民之间互通婚姻，葡萄牙语得到了更广泛的传播，同时，很多葡萄牙人的后代在家里说通用语，葡萄牙语与原住民语言之间的相互影响和融合进一步扩大（Lorenset 2014）。1694年，安东尼奥·维埃拉（Antônio Vieira）神父曾评论道："圣保罗的葡萄牙人与原住民家庭之间的联系非常紧密，人们在家里使用原住民语言，在学校则学习葡萄牙语。"（Teyssier 1982:70）

在巴西东北部，即巴伊亚州和伯南布哥州等甘蔗、棉花和烟草种植园集中的地区，为了获得劳动力，殖民者们从非洲贩运大量黑人奴隶劳工来满足他们的需要。据估计，在奴隶制时期，约有400万非洲人被带到巴西。这些奴隶大多来自几内亚湾和安哥拉海岸附近区域。来自几内亚湾的奴隶使用夸语系语言，其中主要是埃维语（Ewe）和约鲁巴语（Iorubá）。

---

[1] "基隆布"又名"逃奴堡"，指筑有防御工事的黑奴居住点，是黑奴反对葡萄牙奴隶制度的产物。

从安哥拉来的人讲班图语系的语言，主要是金邦杜语（Quimbundo）、基刚果语（Quicongo）和温本杜语（Umbundo）。维埃拉神父曾在17世纪60年代使用安哥拉的语言进行广泛的教义传授；佩德罗·迪亚斯（Pedro Dias）神父于1694年在萨尔瓦多编写了第一本金邦杜语语法书，并于1697年在里斯本出版（Petter 2006：72）。被运往巴西的非洲奴隶主要分为拉迪诺人（Ladinos）和波塞人（Boçais）。其中，拉迪诺人在非洲海岸生活时已经会说一种源自葡萄牙语的克里奥尔语（Crioulo）方言，而波塞人则不懂葡萄牙语（Silva Neto 1963：39）。

自奴隶贸易兴起后，殖民政府通过隐性的语言政策不断打压非洲语言在巴西的发展。从非洲港口到巴西的种植园，一路上同民族、同语言、同文化的黑人奴隶被强行分开，避免形成统一的奴隶群体。巴西语言史学家认为，几个世纪里，黑人奴隶带来的200多种语言都没能在巴西得到广泛使用，主要原因就在于这种将民族和语言分散的混合政策（Houaiss 1985：77-78）。在众多非洲语言中，保存相对较好的是金邦杜语和约鲁巴语。

由于葡萄牙语是巴西社会统治阶层的语言，为了促进沟通和提升社会地位，葡萄牙语成为很多非洲奴隶的第二语言。然而，葡萄牙语的学习情况却并不理想。绝大多数奴隶很少有机会接触到以葡萄牙语为母语的人，因此也很难真正学会葡萄牙语（Mattos e Silva 2004：100）。于是，他们开始学习一种带有非洲语言印记、高度简化的变体语言。这种语言不仅增添了特殊的口音，调整了音素，而且改变了葡萄牙语的部分单词拼写并减少了词形变化（Burgos & Alves 2018）。非洲语言对巴西语言发展的影响主要有三点：一是对葡萄牙语词汇的影响，非洲语言在宗教、饮食、地名、舞蹈、服装、乐器、动植物等方面的词汇中都留下了痕迹，如著名的samba（桑巴舞）一词就来源于非洲语言（杨菁 2011）；二是演变为一些农村地区的非裔葡萄牙语变体，这些变体之间存在明显的语言差异，并使用大量源自非洲语言的词汇（Lucchesi *et al.* 2009：76）；三是形成了仪式专用语言（línguas de rituais），又称圣人语言（línguas de santo），主要由非洲裔宗教信徒在宗教庆典期间使用。

总之，巴西社会语言发展的第二阶段以多语言共存为特征。在巴西复杂的原住民语言背景下，葡萄牙语的使用不占主导，除此之外还有在沿海地区广泛使用的通用语、黑人劳工带来的非洲语言以及源自葡萄牙语的克里奥尔语方言等。巴西学界有部分学者认为第一批殖民者带来了古葡萄牙语，巴西葡萄牙语延续了古葡萄牙语的特点，因而造成了现代巴西葡萄牙语与现代欧洲葡萄牙语的一些发音差异。然而，第二阶段所产生的语言影响须考虑到当时的人口数量。据估计，在1700年，处于殖民地时期的巴西人口约为30万，因此，这一阶段巴西葡萄牙语的特征可能都被此后18世纪的大规模人口增长所淹没了（Lucchesi 2017）。

1.1.3　第三阶段：葡萄牙语主导期

巴西社会语言发展的第三阶段始于1695年，一直持续到1930年革命。[1] 在这一阶段，葡萄牙语逐渐成为绝大多数巴西人的母语，非洲语言在巴西逐渐消失，原住民语言的使用也急剧减少，仅限于巴西最偏远的地区，即亚马孙和中西部地区。从第三阶段开始，葡萄牙语在巴西的传播和应用发生了质的变化，其关键影响因素包括：18世纪巴西出现黄金潮，1808年葡萄牙王室流亡至巴西，1850年奴隶贸易结束，等等。因此，又可将巴西社会语言发展的第三阶段细分为三个具体时期：第一个时期为1695年至1808年，第二个时期为1808年至1850年，第三个时期为1850年至1930年。

葡萄牙语在巴西全国的传播始于畜牧业的发展。殖民者早在17世纪就已开始在巴西饲养牛等牲畜，随着18世纪黄金潮的到来，巴西东北部的殖民者们沿着圣弗朗西斯科河深入腹地，到达米纳斯吉拉斯州内陆地区开采金矿。他们一路征服许多印第安原住民部落与逃亡黑奴，由此促进了葡萄牙语在巴西的传播，同时也阻碍了原住民语言、非洲语言和克里奥尔语等混合语的发展。1695年，殖民者在米纳斯吉拉斯州发现了第一批黄

---

[1]　1930年革命是该年发生于巴西的一场武装起义，这次革命终结了巴西第一共和国。

金和宝石矿产，巴西从此进入"黄金"经济周期（1700—1775年）。这引发了巴西黄金潮，此后，大量的人口迁入巴西东南部的产金地带。1700年，巴西殖民地社会的人口约为30万；据估计，一个世纪后，巴西人口达到366万，大约增长了11倍，这一时期是巴西历史上人口增速最快的时期。[1] 其中，很大一部分人口来自葡萄牙移民，仅在1701年至1760年间，就有约60万葡萄牙人移民至巴西（Venâncio 2000：65）。此外，还有大量从非洲输入的奴隶。年均输入巴西的非洲人数量从1676—1700年间的7,000人增加到1700—1710年间的15,370人，1741—1750年间更是达到18,510人。1700—1780年间，共计约有128.55万黑人被贩运至巴西（IBGE 2000：223）。这些新近抵达巴西的殖民者和奴隶逐渐取代了使用通用语的圣保罗人和马穆鲁克人，使得葡萄牙语在巴西东南部的地位慢慢超越了以图皮语为基础的圣保罗通用语。

直到18世纪初期，在亚马孙地区，为便于殖民者与原住民的沟通以及耶稣会士的传教工作，葡萄牙政府曾鼓励亚马孙通用语的使用，并于1689年将亚马孙通用语设立为马拉尼昂州和格朗帕拉州的官方语言（Figueira-Cardoso & da Silva Borges 2021）。随着社会经济的发展，殖民者意欲进一步剥削原住民，而耶稣会士却希望发展并保护更多当地信徒，两者间的利益冲突日渐凸显。为消除欧洲其他殖民帝国对巴西的觊觎，并巩固宗主国在巴西的语言文化影响力，1727年，葡萄牙国王命令耶稣会士在学校向印第安人教授葡萄牙语。到18世纪下半叶，葡萄牙庞巴尔侯爵（Marquês de Pombal）领导下的政府采取了更为强硬的措施，驱逐耶稣会士并在巴西全国范围内推行使用葡萄牙语的单语制政策。1757年，葡萄牙政府颁布《印第安人管理政策》（Diretório dos Índios），强制使用和教授葡萄牙语，禁止民众使用包括亚马孙通用语在内的非葡萄牙语语言，首次以法令形式确立了葡萄牙语在巴西的官方地位与通用语地位。[2] 葡萄牙

---

[1] 数据来源：https://memoria.ibge.gov.br/historia-do-ibge/historico-dos-censos/dados-historicos-dos-censos-demograficos.html（2023年7月25日读取）。

[2] 详情参见：https://bd.camara.leg.br/bd/handle/bdcamara/1929（2023年7月25日读取）。

政府将亚马孙通用语定性为劣等的混血语言,将葡萄牙语作为让当地人摆脱野蛮落后的习俗、接受西方文明教化、崇敬和服从宗主国的有效工具,对抵制葡萄牙语的人采取一定的暴力手段,试图让印第安人"融入"葡萄牙语社会。庞巴尔政府的语言管理理念从以下《印第安人管理政策》节选文段中可见一斑(Lobo 2015:71)。

> 所有征服了新领地的国家都会立即将自己的语言传授给被征服的人民,这是永恒不变的做法。因为,毋庸置疑,这是最有效的手段之一,可以使原住民摆脱野蛮的旧日陋习。过往的经验表明,征服者的语言一旦传授给他们,他们对征服者的喜爱、崇敬和服从也会随之扎根。世界上所有的文明国家都遵循这一严谨而稳固的制度,但我们在巴西的做法却恰恰相反,第一批征服者只想着在征服时使用所谓的通用语。通用语是一种真正可恶甚至邪恶的发明,使得印第安人失去了所有得到文明教化的方式,时至今日一直处于粗鄙和野蛮的臣服状态。为了纠正这一极为有害的错误,管理者们的主要职责就是在各自的辖区内推广使用葡萄牙语,无论如何都绝不允许学校的学生和所有有能力担任教职的印第安人使用自己民族的语言或所谓的通用语,只能使用葡萄牙语。这也是国王陛下多次在命令中传达的要求,然而这些命令至今都未得到执行,这将在精神和物质层面彻底摧毁国家。

然而,该法令由于缺乏实施条件和相应资源,实际产生的效果有限。当时,公立学校的学生主要是葡萄牙人,使用葡萄牙语;同时,巴西仍有不少人使用亚马孙通用语。19世纪时,亚马孙通用语被称为"涅恩加图语"。1835年爆发的卡巴纳基姆(Cabanagem)起义[1]导致三万多名亚马孙通用语使用者死亡,自此亚马孙通用语开始衰落,最终成为少数群体的语

---

[1] 卡巴纳基姆起义是于1835—1840年发生在巴西帕拉省的人民起义,意在反抗对黑奴和印第安人的压迫,争取地区独立。

言（Figueira-Cardoso & da Silva Borges 2021）。

值得注意的是，在庞巴尔政府颁布《印第安人管理政策》后，葡萄牙语正式成为巴西的官方语言，但葡萄牙语在学校教学中仍处于从属地位。拉丁语作为传播哲学与科学知识的国际语言，在巴西教育领域占据重要地位，葡萄牙语只是作为一种入门语言辅助拉丁语的学习。根据规定，葡萄牙语语法只须教授六个月，之后学生将转而学习拉丁语语法。学生在修辞学、语法和诗学课程中学习葡萄牙语，这三门课程直到19世纪才合并成为一门葡萄牙语课程。

综上所述，在第一时期，即巴西黄金潮时期，葡萄牙语通过法律形式确定了其官方语言和通用语的地位，而以图皮语为基础的原有通用语逐渐衰落。

从巴西采矿活动中获益最多的城市是里约热内卢，它成为全国最大的奴隶输入港。1763年，里约热内卢成为巴西的首都。1808年，为躲避法国入侵，葡萄牙王室逃往巴西，并在里约热内卢建立了他们的政府。葡萄牙王室的到来促进了巴西的社会经济变革，在文化领域也产生了重大影响，例如，扫盲范围大幅增加，成为巴西语言发展的一个转折点。同年，巴西成立了第一家印刷厂，解除了对印刷活动的禁锢，巴西第一份报纸《里约热内卢报》（Gazeta do Rio de Janeiro）问世。1821年，葡萄牙王室返回葡萄牙，随后巴西于1822年脱离葡萄牙殖民统治，成立巴西帝国（Império do Brasil）。政治上的独立进一步推动了1808年以来巴西的变革。随着咖啡种植园的兴起，非洲奴隶的输入量达到更高的水平，从1800—1810年的年均24,410人增长到此后10年间的年均32,770人，在1820—1830年间更是达到年均43,140人的规模（IBGE 2000：223）。

1826年左右，即巴西独立四年后，国内民族主义的力量显现。巴西议会通过议案，正式规定医学文凭应以"巴西语言"书写，从此"国家语言"（即巴西语言）问题也开始得到讨论（Orlandi & Guimarães 2001：21-38）。巴西国内曾就国家语言是否沿用宗主国葡萄牙语的名称产生争议，实际上，殖民之初就有人提出这个问题，但在19世纪引起了较为广泛的讨论。葡萄牙三个世纪的殖民统治、强制性的葡萄牙语推广、葡萄牙王室的到来等因素促成了巴西最终选择沿用葡萄牙语的命名（陈道彬 2023）。在 1837 年成立的佩德罗二世学院（Colégio Pedro II）里，葡萄牙语作为国家语言的教学开始步入正规化，该学院也成为国家语言相关研究的权威机构。这一时期出现了一些语法研究，例如，1835 年巴西第一部语言学著作《国家语言语法大纲》（*Compendio da Grammatica da Lingua Nacional*）出版，这标志着人们开始重视国家语言，并强调巴西和葡萄牙使用的语言之间的差异（Dias 2019）。

在葡萄牙语教学方面，如上文所述，从庞巴尔政府颁布语言政策到巴西帝国结束，在将近 150 年的时间里，葡萄牙语一直以修辞学、语法和诗学课程形式进行教学。只是到了后期才将这三门课程统一起来，形成了葡萄牙语课程。在此期间，葡萄牙语教学的对象仅限于精英群体，为迎合精英阶层的文化兴趣，葡萄牙语课程的教科书纳入大量的课文和语法，并附有著名作家的经典文章以供学生效仿，力图保持良好的文学品位和语言纯粹性；而教师则必须使用教科书中的课文，教学形式以分析解读课文为主，在此基础上进行提问和练习（Silva & Cyranka 2009）。佩德罗二世学院成立后，葡萄牙语的教学逐渐走向正规。然而，该学院直到 1871 年才设立葡萄牙语教席，葡萄牙语教师几乎都是研究语言和文学的学者，直到 20 世纪 30 年代才出现第一批教师培训课程。

可见，第二个时期是葡萄牙语确立其国家语言地位的关键时期。随着巴西摆脱殖民统治和国内出现民族主义力量，葡萄牙语在巴西的主导地位得以巩固。

第三个时期始于 1850 年奴隶贸易的结束。一方面，流入巴西的黑人奴隶数量锐减；另一方面，尤其是在 1888 年废除奴隶制后，在巴西政府的鼓励下，来自欧洲和亚洲的移民大量输入巴西。在 1884—1933 年期间，有近 300 万非葡萄牙移民进入巴西，其中意大利人超过 140 万，西班牙人近 59 万，日本人超过 14 万，德国人超过 15 万，土耳其人和叙利亚人近 10 万（IBGE 2000：226）。1889 年，巴西第一共和国成立。面对外来移民的不断增多，巴西政府仍然推行葡萄牙语单语制，继续对新移民实行语言同化政策（陈道彬 2023）。起初，巴西政府对于移民语言的管控并不严格，直到移民参加起义和第二次世界大战爆发，巴西政府才限制在巴西境内使用外语（Ilari & Basso 2009：13-14）。由于这些外来移民并没有造成大规模的语言分化，与非洲语言和原住民语言相比，移民语言对巴西语言发展的影响相对较小，主要是在词汇方面为巴西葡萄牙语注入了新的表达。

在这一时期，橡胶经济的繁荣吸引了约 50 万工人从东北部来到亚马孙地区，填补了因当地原住民消亡而造成的劳工空缺。大量葡萄牙语使用者的到来，加上亚马孙河流域蒸汽船的发展，促进了葡萄牙语在亚马孙地区大规模的推广，葡萄牙语由此超越了亚马孙通用语的地位。

在 19 世纪下半叶，巴西学者的语言研究成果陆续出版，巴西葡萄牙语的语言规范逐渐形成。虽然这一时期的语言研究仍然受到葡萄牙学界的影响，但将语言视作民族身份的象征，标志着巴西在表达其民族身份方面迈出了重要一步。布拉兹·达科斯塔·鲁宾（Braz da Costa Rubim）于 1857 年出版了《葡萄牙语词典补编：巴西通用词汇》（*Vocabulário Brasileiro para Servir de Complemento aos Dicionários da Língua Portuguesa*）（Guimarães 1996：127-138），这标志着巴西语言学史进入萌芽时期（心水 1965）。1870 年，巴西作家若泽·德阿伦卡尔（José de Alencar）与葡萄牙作家皮涅罗·沙加斯（Pinheiro Chagas）之间发生了一场著名的论战。沙加斯批评德阿伦卡尔的写作语言不正确，不应在作品中自行创造新的葡萄牙语单词并修改语法规则，例如冠词的使用、反身代词 se 的省略、人称代词的位移等。对此，德阿伦卡尔回应道："我们作为民族作家，如果想让我们的人民理解我们，就必须用他们的语言进行交流。"（de Alencar 1960：966）作为浪漫主义作家，德阿伦卡尔的作品具有民族主义的特征，提倡"巴西风格"，他的目的并非创造全新的语言，而是将巴西文学语言与欧洲葡萄牙语区分开来，摆脱文学和语言上对欧洲葡萄牙语的过度屈从，从而创造一种具有巴西特色的葡萄牙语。

1871年，佩德罗二世学院设立了葡萄牙语教席。1881年，巴西文学家和语言学家儒利奥·里贝罗（Júlio Ribeiro）出版了《葡萄牙语语法》（Gramática Portuguesa）一书。他反对沿用旧葡萄牙语语法，指出应当多研究巴西民族语言的习惯用法。此后，巴西语言学研究的著作不断出现，巴西葡萄牙语进入新的语法发展时期。1888年，安东尼奥·若阿金·德马塞多·苏亚雷斯（Antonio Joaquim de Macedo Soares）编写了《巴西葡萄牙语词典》（Dicionário Brasileiro da Língua Portuguesa）。这是首次在词典标题中出现"巴西"一词，作者认为巴西人的书写应当遵循巴西的口头语言习惯，而非葡萄牙的书面语言规范（Guimarães 1996：127-138）。在此期间，1897年巴西文学院（Academia Brasileira de Letras，简称ABL）的成立为巴西学者研究本国语言和文学文化开辟了道路（心水1965）。在方言学和语言史方面，阿马德乌·阿马拉尔（Amadeu Amaral）于1920年出版了《乡土方言》（Dialeto Caipira）。这部著作涉及巴西各个地区的方言，可谓方言学研究的里程碑。索萨·达席尔维拉（Souza da Silveira）于1923年出版了《葡萄牙语教程》（Lições de Português）。这是一部研究葡萄牙语新语法的著作，作者在方言学部分论述了巴西葡萄牙语的特殊性。

19世纪末至20世纪初，巴西短篇小说家经常模仿民间粗俗的语言表达，使作品充满巴西风情，而当时的诗歌、散文作家仍严格遵循欧洲葡萄牙语的语言规范。直到1922年，随着现代主义的兴起，巴西文化和艺术经历了根本性变革，主要表现为摒弃传统与偏见、追求巴西风格，很多现代主义作家在语言上反对传统语法，试图用一种更接近巴西语言的文字写作。

在葡萄牙语教学方面，直到20世纪中期，巴西的葡萄牙语教学仍然根植于语法传统。如上文所述，这一时期出版的语法书多达几十本，此外还有无数知名作家的文集出版，这些语法书和文集为葡萄牙语课程教学提供了支持。在供学校使用的语法书当中，影响最大、最持久的当属爱德华多·卡洛斯·佩雷拉（Eduardo Carlos Pereira）于1910年出版的《语法论述》（Gramáticas Expositivas），此书在20世纪上半叶再版了数十次。

可以说，从葡萄牙语正式成为巴西的官方语言一直到20世纪中叶的近200年时间里，葡萄牙语教学一直以语法为基础。

巴西一直是一个多种族、多语言的"民族大熔炉"，尽管葡萄牙语已成为巴西的国家语言，但这并不意味着葡萄牙语完全取代了巴西的其他语言，巴西葡萄牙语的形成与发展必定受到原住民语言、移民语言、非裔巴西语言及各种混合语的不断影响。其中，不可忽视的是黑人奴隶带来的非裔巴西语言的影响。如表1.3所示，非洲人及其后裔（包括在巴西出生的黑人后裔和黑白混血种人）在16世纪占巴西总人口的20%，17—18世纪这一比例上升至60%，并在19世纪上半叶达到65%。黑人及其后裔遍布巴西各个地区，在巴西葡萄牙语形成和传播的过程中发挥了不可或缺的作用。然而，由于非洲人及其后裔绝大部分没有接受过正规的学校教育，他们只能向奴隶主或身边的其他黑人学习葡萄牙语，因此他们说的语言是一种与欧洲葡萄牙语显著不同的、混合了大众方言和简化形式的变体。

表1.3 不同时期的巴西人口构成（Mussa 1991：163）

族群	占巴西总人口的比例				
	1538—1600年	1601—1700年	1701—1800年	1801—1850年	1851—1890年
非洲人	20%	30%	20%	12%	2%
在巴西出生的黑人后裔		20%	21%	19%	13%
黑白混血种人		10%	19%	34%	42%
在巴西出生的白人后裔		5%	10%	17%	24%
欧洲人	30%	25%	22%	14%	17%
印第安人	50%	10%	8%	4%	2%

据估计，在18世纪末，全巴西只有0.5%的人识字。1872年，巴西的第一次人口普查数据显示，全国人口总数为460万人，其中99.9%

的奴隶是文盲,在自由人中,男性和女性的文盲率分别为80%和86%。在6—15岁人口中,只有16.8%的人上过学。在460万人中,只有不到12,000人上过中学,但是有8,000人受过高等教育。在这一时期,巴西有学识的精英阶层与大量的文盲或仅受过初等教育的普通民众之间的差距不断扩大(Fausto 2000:237)。直到20世纪初,巴西仍是一个以拉丁语系为主的国家,近80%的人口生活在农村,成年人的文盲率约为75%,大部分文盲是非洲人后裔和印第安人后裔(Lucchesi 2017)。

20世纪前,巴西的语言特点表现为葡萄牙语与原住民语言、非裔巴西语言、克里奥尔语等混合语的对立与共存,在葡萄牙语的使用方面,精英阶层的语法规范与劳动大众的通俗语言之间的差异越来越明显。到了20世纪,三分之二的原住民和非洲裔人口(包括混血种人)已经被葡萄牙语同化,而葡萄牙语的语法规范对巴西精英阶层仍具有强烈影响,这进一步加剧了对非洲人后裔和印第安人后裔所使用的葡萄牙语的歧视。

1.1.4　第四阶段:现代葡萄牙语发展期

1930年,巴西自由党革命力量发起军事政变,建立巴西第二共和国(1930—1937年),开启了巴西的现代工业化时期。之后,巴西相继进入新国家时期(1937—1945年)、民众主义共和国时期(1945—1964年)、军事制度时期(1964—1985年)和新共和国时期(1985年至今)。随着基础工业和汽车工业的发展,巴西经济实现了快速增长。其经济规模迅速超越了阿根廷等国家,与发达国家的差距逐渐缩小,总体经济实力跃升至西方世界的第八位(张宝宇2000),来自欧洲和亚洲的移民纷纷涌入巴西。工业的发展极大地促进了巴西的城市化进程,改变了巴西的人口分布。20世纪初,近80%的巴西人口生活在农村;而到了20世纪末,只有20%的人口留在农村(Faraco 2008:46)。城市化意味着大规模群体的扫盲和语言同化过程,随着广播、电视等大众传媒和学校教育的发展,城市语言规范被强加给不同的社会阶层,这在一定程度上减少了原有的方言多样性。然而,鉴于边缘地区的底层民众的生活环境,巴西语言规范对于他们

第一章 巴西国家语言能力历史回顾

的普及面极为有限,导致社会语言的分层现象至今仍然显著。20世纪初,随着现代主义运动的兴起,巴西语言规范逐渐从19世纪的葡萄牙语标准中独立出来,形成了新的特点,例如更频繁地使用主语代词,在形容词从句中省略前置词等(Duarte 1995)。

从1932年起,受到民族主义政治家和知识分子的影响,巴西政府采取了一系列措施,禁止在中学教授德语。新国家时期,在实行民族主义政策的背景下,巴西政府进一步强化单语制政策,严禁使用外来语言,所有移民群体必须使用葡萄牙语。为此,巴西政府在1937—1945年间发起"教育民族化运动"(Campanha da Nacionalização do Ensino),规定学校必须教授葡萄牙语,教师应为巴西本地人或毕业于巴西学校的巴西籍人士,禁止向14岁以下儿童教授外语,禁止出版以非葡萄牙语编写的教科书等(Seyferth 1999:209-211),通过教授和使用巴西国家语言等方式培养移民群体的爱国主义精神。[1] 随着巴西加入第二次世界大战,巴西政府加强了对国内轴心国民族的镇压。从1941年到1945年,政府接管了德国和意大利社区学校,并停办以德语或意大利语出版的报纸,甚至抓捕在公共场合或私下场合说外语的民众(Massini-Cagliari 2004)。以圣卡塔琳娜州布卢梅瑙市为例,该市的被逮捕人数从1941年的282人(主要因酗酒或打架等普通事件)增加到第二年的861人,其中271人(约31.5%)被逮捕的原因是说外语。这个比例占全市总人口的1.5%。[2] 1940年,巴西国家地理统计局的人口普查数据显示,当时巴西全国人口约为5,000万,其中约64.45万人(绝大多数是在巴西出生的巴西公民)在家中使用德语,45.81万人在家中使用意大利语,这些移民语言的使用人数超过了原住民语言的使用人数(Mortara 1950:8)。然而,在新国家时期之后,移民语言逐渐失去地位,其使用范围转移至农村地区,并主要以口头形式存在。

在20世纪40年代,人们就巴西国家语言的命名展开了讨论,巴西宪

---

[1] 详情参见:https://www2.camara.leg.br/legin/fed/declei/1930-1939/decreto-lei-1545-25-agosto-1939-411654-publicacaooriginal-1-pe.html(2023年7月30日读取)。

[2] 详情参见:https://unesdoc.unesco.org/ark:/48223/pf0000161167(2023年7月30日读取)。

法为此专门设立委员会，探讨巴西国家语言应该命名为葡萄牙语还是巴西语。支持葡萄牙语这一名称的议员指出，葡萄牙语符合巴西文学的传统表达，而巴西语则被普遍认为是"愚民的土话"（patuá do povo ignaro）、"底层百姓的残缺语言"（meia-língua do poviléu）或"地区方言"（dialeto regionalista），若将国家语言命名为巴西语，则意味着承认"愚民"（povo ignaro）、"底层百姓"（poviléu）、"乡巴佬"（caipira）等民族身份象征；但巴西的精英阶层并不认可这一观点。而支持将国家语言命名为巴西语的议员则认为，这一名称代表了国家的本质，巴西语是"在这里生长、绽放、融合、着色的语言果实"，是"巴西妇女讲的充满柔情的语言"，是"巴西男人讲的充满豪情的语言"，是一种"枝繁叶茂的语言，饱含巴西人热情奔放的天性，似乎起初便要求真正的民族化和本土化"，因此国家语言应该命名为巴西语，这是由巴西的天然形象塑造而成的（Dias 1996：78-80）。实际上，巴西国家语言命名的问题关系到巴西公民的身份问题和巴西国家的身份问题。最终，在《巴西国家语言命名》（Denominação do Idioma Nacional do Brasil）文件中，委员会宣布巴西国家语言的名称应沿用葡萄牙语，这一名称除了符合事实外，还可以用葡萄牙语一词来回顾巴西的起源历史和巴西文明形成的基础。[1]

在葡萄牙语教学方面，从 20 世纪下半叶开始，巴西的学校开始向更多人开放，教室里不再只有资产阶级的孩子，还有工人的孩子。由于此前底层民众使用的语言变体一直不被学校认可，因此，受教育群体的变化势必要求葡萄牙语课程随之变革。然而，语言教学仍然受 18 世纪中期的语法传统影响，教师必须遵守教学大纲，遵循葡萄牙语的文学规范，而忽视语言在时间和社会空间上的动态变化。长期以来，似乎存在两种语言，一种是学校教授的、正确的语言，另一种则是在日常交流中使用的语言。也许正是这一事实导致葡萄牙语在巴西国内被贴上了"难懂"的标签，这也加剧了人们对日常生活中使用的其他语言变体的偏见。

---

1 详情参见：https://www.unicamp.br/iel/hil/publica/relatos_01.html#publica（2023 年 7 月 30 日读取）。

1964年，巴西发生政变，军方开始掌权，包括教育在内的各种国家重大事务发生了变革。为宣传军政府的意识形态并满足工业经济模式的需要，葡萄牙语教学开始注重语言的交流功能。1971年修订后颁布的《国家教育指导方针与基本法》（Lei de Diretrizes e Bases da Educação Nacional）规定："在初等和中等教育中，重点学习作为交流工具和巴西文化表现形式的国家语言。"从此，语言教学方法发生了实质性变化，从强调规范的语法教学转变为注重语言的交流功能。葡萄牙语课程的名称也进行了调整，小学1—4年级的葡萄牙语课程改名为"交流与表达课"，5—8年级的课程改名为"葡萄牙语交流与表达课"，中学的课程则改名为"葡萄牙语与巴西文学课"。

实行军事制度时期，军政府对中小学教育进行了改革，语言被视为促进发展的交流工具。葡萄牙语教学注重口语交流，对语言规范性和严谨性的要求有所降低。因此，语法在语言教学中不再占据首要地位，甚至出现了是否需要在小学教授语法的争议。从这时起，葡萄牙语课程的教科书中出现了多种形式的文本，包括报纸、杂志、连环画、广告以及幽默短篇等，这些各种形式的文本与文学课文一同存在，极大地拓展了葡萄牙语的阅读范围（Souza & Amaral 2019）。在葡萄牙语标准与规范方面，巴西取得政治独立后，由于还没有确立以本国的葡萄牙语为基础的正式标准，也没有建立起全国性的普遍规范，因此只能遵循欧洲葡萄牙语的标准。葡萄牙语言的标准性对巴西葡萄牙语的规范产生了根深蒂固的影响，即使一些语言表达形式在巴西语言文化中得到认可，但仍被认为违反欧洲葡萄牙语标准，人们将其称为"巴西用语"（brasileirismos），如用ter代替haver表达存在，用前置词em表达运动方向等。几个世纪以来，越来越多的语言学家承认巴西现实存在的语言变迁与规范，并创造出受到当时历史、文化、社会和政治背景影响的语法，有助于不断构建巴西葡萄牙语的语言标准规范。第二次世界大战后，随着巴西经济的快速发展，政府利用报纸、广播和电视等大众媒体加强了葡萄牙语的主导地位。虽然巴西政府对于标准巴西葡萄牙语并没有明确的定义，但是在语言政策上采取隐性措施，以标准葡萄牙语作为媒体语言，潜移默化地引导人们使用规范化葡萄牙语。巴西最大和最受欢迎的电视台——环球电视台（Rede Globo）于1965年开播，该电视台自1969年开始播放标志性电视新闻节目《国家新闻》(Jornal Nacional)，节目采用里约热内卢和圣保罗两地葡萄牙语的中性特征，并宣称其为标准巴西葡萄牙语，在创建和维护语言标准方面产生了重要影响。

1.2 近现代巴西国家语言能力的发展

1985年，巴西结束军事制度时期，开启了向民主时期的过渡。这一过渡是巴西历史上的重要转折，为国内政治稳定和政策的连续性提供了坚实的基础，从此巴西迈入新共和国时期，语言文化也得以进一步发展。本节将梳理这一时期巴西政府关于葡萄牙语的规范与教育政策、原住民语言政策、移民语言政策与外语教育政策、葡萄牙语的海外推广等内容。

1.2.1 新共和国时期葡萄牙语的规范与教育政策

首先，在葡萄牙语的规范化方面，巴西文学院于1907年首次提出了简化葡萄牙语拼写法的建议，并从1943年开始使用《正字表1943》(Formulário Ortográfico de 1943)。在那一年，巴西和葡萄牙共同开展正字法改革，并推进葡萄牙语句法方面的改革研究，以实现葡萄牙语的标准化与规范化。两国于1945年签署了《正字法协定1945》(Acordo Ortográfico de 1945)，但实际上巴西葡萄牙语的拼写仍遵循本国的《正字表1943》。1990年，巴西与其他六个葡萄牙语国家——葡萄牙、安哥拉、莫桑比克、佛得角、圣多美和普林西比、几内亚比绍的代表们在葡萄牙首都里斯本签署了《葡萄牙语正字法协定》(Acordo Ortográfico da Língua Portuguesa)，该协议以其在《国家教材计划》(Plano Nacional do Livro Didático)中的应用为标志，最终于2009年在巴西正式生效。

20世纪90年代，面对国内的语言文化多样性以及外来语言对巴西葡萄牙语的影响，巴西民族主义者、圣保罗州议员阿尔多·雷贝罗（Aldo Rebelo）等人为捍卫葡萄牙语的纯正性，于1995年在巴西议会上提出第1605号法律草案，要求禁止在葡萄牙语中使用外来词汇，抵制英语等外来语言对葡萄牙语的干扰。由于这项法律草案遭到了以巴西语言学界为首的各方力量的强烈反对，巴西参议院决定暂缓审议此草案。2003年，在巴西语言学协会（Associação Brasileira de Linguística）和巴西应用语言学协会（Associação de Linguística Aplicada do Brasil）的支持下，议员阿米尔·兰多（Amir Lando）提出了一项较为温和的议案，即在官方文件、商业广告和媒体中必须使用葡萄牙语，假如有必要使用外来词语，则必须提供相应的葡萄牙语翻译，例如 fast food（refeição rápida）、delivery（entrega em domicílio）等。[1]

其次，在葡萄牙语的教育方面，1988年颁布的《巴西联邦共和国宪法》（Constituição da República Federativa do Brasil）规定：葡萄牙语为全国官方语言，初等教育阶段须使用葡萄牙语作为教学语言。《巴西联邦共和国宪法》保障原住民以母语接受教育的权利，并承认原住民语言是其社区资产的一部分，但并未提及外来移民语言（Brasil 1988：21，124）。1996年再次修订后颁布的《国家教育指导方针与基本法》进一步确认了语言在学校教学中的地位，规定"常规初等教育须使用葡萄牙语为教学语言，同时，保障原住民社区使用其母语学习的权利"。[2]

20世纪上半叶，巴西人普遍认为葡萄牙语教学就是语法教学，掌握了语法就能进行葡萄牙语阅读并写出好文章。随着巴西语言学研究的发展，葡萄牙语教学与语法的紧密结合不再牢不可破，人们意识到有必要让学生积极参与教学过程的各类活动。1997年，巴西教育部颁布《国家课程大纲标准：葡萄牙语》（Parâmetros Curriculares Nacionais: Língua

---

[1] 详情参见：https://www12.senado.leg.br/noticias/materias/2003/04/22/aprovada-protecao-a-lingua-portuguesa（2023年8月9日读取）。

[2] 巴西的基础教育（Educação Básica）包括学前教育（Educação Infantil）、初等教育（Ensino Fundamental）和中等教育（Ensino Médio）三个层次。其中，初等教育为期九年，可分为第一阶段（一至五年级）和第二阶段（六至九年级）；中等教育相当于我国的高中，为期三至四年。

Portuguesa），首次提出将口语纳入葡萄牙语教学实践的创新性建议。

再次，在加强国民语言素质、评估国民语言应用能力方面，巴西有两个重要的测试制度：一是于1998年设立的国家中等教育水平测试（Exame Nacional do Ensino Médio，简称ENEM），其设立目标之一是评估葡萄牙语教学质量和中学生的语言能力；二是2007年制定的基础教育发展指数（Índice de Desenvolvimento da Educação Básica），其中一项指标是语言的应用能力，用以评估葡萄牙语教学质量和测试中小学生的语言能力水平。

最后，在葡萄牙语扫盲运动方面，1967年12月，巴西颁布第5379号法令，即《青少年与成年人功能性识字和继续教育法》（Alfabetização Funcional e a Educação Continuada de Adolescentes e Adultos），以扫盲运动的名义成立了一个基金会。巴西扫盲运动的正式实施是在1970年，第5387号法令提出发起《巴西扫盲运动》（O Movimento Brasileiro de Alfabetização），这是巴西有史以来内容最丰富的扫盲计划，一直持续到军政府统治结束。该计划旨在让辍学的青少年和成年人获得阅读、写作和算术能力，使他们融入社区，从而改善社会生活条件，其目标是在短时间内消除文盲，为这一群体提供扫盲和识字培训。新共和国时期，巴西政府不断制定更多的扫盲计划，推动扫盲运动进一步发展。通过实行一系列政策与方案，政府成功将巴西15岁以上人口的文盲率由1950年的50.6%（15,272,632人）（IBGE 1956：1）降低至2022年的5.6%（约9,600,000人），大幅提高了成年人的葡萄牙语识字率（见表1.4）。[1]

---

[1] 数据来源：https://agenciadenoticias.ibge.gov.br/agencia-noticias/2012-agencia-de-noticias/noticias/37089-em-2022-analfabetismo-cai-mas-continua-mais-alto-entre-idosos-pretos-e-pardos-e-no-nordeste（2023年8月9日读取）。

表 1.4　新共和国时期的扫盲计划

年份	中文名称	葡萄牙语名称
1990	《国家扫盲与公民权项目》	Programa Nacional de Alfabetização e Cidadania
1993	《全民教育十年计划》	Plano Decenal de Educação para Todos
1997	《团结扫盲项目》	Programa de Alfabetização Solidária
2001	《扫盲教师培训项目》	Programa de Formação de Professores Alfabetizadores
2003	《巴西扫盲项目》	Programa Brasil Alfabetizado
2005	《促进识字计划》	Pró-Letramento
2012	《国家适龄识字公约》	Pacto Nacional pela Alfabetização na Idade Certa

1.2.2　新共和国时期原住民语言政策

在巴西政府长期推行葡萄牙语单语制政策的影响下，巴西的原住民语言不断衰退，数量从殖民统治前的超过 1,000 种减少到如今的 274 种，许多原住民语言濒临灭绝。20 世纪末至 21 世纪初，为保护巴西语言文化的多样性，有关原住民语言的政策明显增多，主要表现为：

第一，对原住民语言的描述和文献记载增加。1986 年启动的《巴西原住民语言科学研究项目》(Programa de Pesquisa Científica das Línguas Indígenas)是第一个支持研究生对原住民语言开展研究、支持关于原住民语言的田野调查和文献记录的官方计划，也是有史以来最重要的巴西原住民语言科学研究计划 (Cabral et al. 2016：46)。从此，原住民语言成为巴西国家科技发展委员会(Conselho Nacional de Desenvolvimento Científico e Tecnológico)资助的研究领域。在该项目的推动下，巴西开始制定关于原住民语言研究和文献记录的公共政策。

第二，有关原住民语言的博士和硕士论文数量增加。

第三，政府对原住民语言研究的财政支持增加。

第四，实行了推动原住民文化教育的政策，并按一定比例在本科和研究生课程中招收原住民学生。

第五，巴西文化部发布《国家语言多样性目录》(Inventário Nacional da Diversidade Linguística)，也体现了政府保护原住民语言和文化的积极态度。

随着现代语言权利观点的流行，《巴西联邦共和国宪法》承认原住民社区的母语并非葡萄牙语，并首次保障了原住民以母语接受初等教育的权利。此外，《巴西联邦共和国宪法》规定教育部门向原住民社区提供恢复其历史记忆、重申其种族身份以及重视其民族语言和科学的机会，并承认原住民的社会组织结构、习俗、语言和传统。这些政策都保障了原住民社区接受教育的权利，也促进了原住民语言的推广和系统化。

巴西教育部1998年发布的一份报告指出，除极少数例外，原住民语言并未被设置为专门学科，也未成为其他学科的教学语言或扫盲计划针对的语言（Monserrat 2000：142）。在20世纪90年代，巴西政府为改善原住民小学教育和原住民教师教育制定了相关政策。先前由联邦机构国家印第安人基金会（Fundação Nacional do Índio）负责管理原住民教育，后转由原住民聚居的州政府负责，各州教育部门纷纷制定教育计划，提高原住民教师教育水平。

巴西全国教育委员会（Conselho Nacional de Educação）于1999年11月颁布《全国原住民学校教育大纲指导方针》（Diretrizes Curriculares Nacionais da Educação Escolar Indígena），提出保护原住民语言和文化的新政策与新教育方案，设立"原住民学校"（Escola Indígena）这一学校类别，允许原住民学校开展双语和跨文化研究，使用社区的母语进行教学，建议学校使用根据民族社会文化背景编写的教材；建立州政府原住民教师专项培训计划，为他们制定专门的职业发展规划；规定全国教育委员会和巴西基础教育协会（Câmara de Educação Básica）有责任编制和出版专供原住民学校使用的系列教材。

2004年，巴西教育部设立"继续教育、扫盲和多样性秘书处"。该部门为副部级单位，首次将环境教育、原住民教育、民族多样性和种族问题等议题汇集在一起。在原住民教育方面，巴西政府为原住民教师提供基础和进阶培训以及跨文化高等教育课程；允许相关部门使用原住民语言、双语或葡萄牙语编写教材；为原住民学校提供教学和财政支持；为原住民的社会自治提供协助。目前，在巴西原住民聚居的各州，当地的教育部门都为高中原住民教师提供培训课程，一些公立大学也开设了原住民跨文化课程。

根据巴西法律，原住民享有接受特殊、区别化的跨文化及双语教育权利。一些关键的原住民语言教育法律和政策如表 1.5 所示。

表1.5 新共和国时期原住民语言教育政策一览表

年份	法律与政策	语言教育政策的主要内容
1988	《巴西联邦共和国宪法》	确保原住民拥有其社会结构、习俗、语言、信仰和传统的权利
1991	《第26号总统令》（Decreto N°26）	将教育活动的协调任务从司法部移交至教育部，教育活动的实施由各个州和市政府负责
1993	《全国原住民学校教育政策纲要》（Diretrizes para a Política Nacional de Educação Escolar Indígena）	为原住民提供区别化的双语和多文化教育，并对原住民教师进行培训
1996	《国家教育指导方针与基本法》	提供双语和跨文化教育是国家的义务
1998	《全国原住民学校课程大纲参考》（Referencial Curricular Nacional para as Escolas Indígenas）	为满足原住民社区的愿望和利益，依据巴西社会文化平等的原则，对原住民教育项目提出指导意见
1999	《全国原住民学校教育大纲指导方针》	设立"原住民学校"，制订州政府原住民教师专项培养计划
2002	《原住民教师培训参考》（Referenciais para a Formação de Professores Indígenas）	在国家教育系统中加强对原住民教师的基础培训和进阶培训

从 2002 年开始，为保护语言多样性，巴西政府通过市级立法，将使用人数较多的原住民语言作为当地的官方语言。世界上的其他多语言国家，例如印度和南非，也将某些语言共同官方化，但通常是在全国范围内或地区/省（州）一级，只有巴西在市级实行语言共同官方化。位于亚马

孙州的圣加布里埃尔－达卡舒埃拉市是第一个拥有共同官方语言的城市。2002年颁布的第145号法律将涅恩加图语、图卡诺语和巴尼瓦语共同官方化，规定该市在教育、媒体和公共服务中必须使用这些语言（Baalbaki & de Souza Andrade 2016）。2017年该市又通过第84号法律将亚诺玛米语确立为共同官方语言。截至2022年10月，共有10个巴西城市将13种原住民语言作为其共同官方语言（见表1.6）。[1]

表1.6 将原住民语言作为共同官方语言的城市

城市（州）	共同官方语言
圣加布里埃尔－达卡舒埃拉市（亚马孙州）	涅恩加图语、图卡诺语、巴尼瓦语、亚诺玛米语
塔库鲁（南马托格罗索州）	瓜拉尼语
托坎廷尼亚（托坎廷斯州）	阿克维－谢连特语（Akwê-Xerente）
邦芬、瓦皮沙纳（巴拉那州）	马库锡语、瓦皮沙纳语
圣费利克斯－多辛古（帕拉州）	卡亚波语
巴哈－多科尔达（马拉尼昂州）	特内特阿拉语（Tenetehara）
圣安东尼奥－多伊萨（亚马孙州）	蒂库纳语
蒙森尼尔－塔博萨（塞阿拉州）	图皮－涅恩加图语（Tupi-Nheengatu）
米兰达（南马托格罗索州）	特雷纳语

2010年，巴西政府发布《国家语言多样性目录》，这是第一份承认巴西所有语言类别的法律文件，其中包含原住民语言、克里奥尔语、移民语言、手语和非裔巴西语言，旨在记录巴西语言的多样性，为后续将某种语言列为国家或州的文化遗产做准备。2019年，巴西成立国家语言多样性目录技术委员会（Comissão Técnica do Inventário Nacional da Diversidade

---

[1] 资料来源：https://anafisco.org.br/municipios-brasileiros-que-possuem-linguas-co-oficiais/（2023年8月18日读取）。

Linguística），负责评估将哪些语言纳入这一文件。[1]

1.2.3　新共和国时期移民语言政策与外语教育政策

1850年后到来的移民带来了各自国家的语言，如今使用最多的语言是塔利亚语（意大利威尼斯语的变体）、洪斯吕克语（源自德国西部的方言）和波美拉尼亚语（德国波罗的海地区的方言）。尽管这些移民语言在巴西南部的广大地区具有代表性，但现行宪法中并未提及移民语言（Altenhofen 2004），巴西语言政策对移民语言的关注较少。

巴西圣卡塔琳娜州和南里奥格兰德州将塔利亚语列为官方批准的州历史文化遗产。除塔利亚语外，南里奥格兰德州还将洪斯吕克语列为州文化遗产，而圣埃斯皮里图州则将波美拉尼亚语和德语列为州文化遗产。此外，巴西有塔利亚语和波美拉尼亚语广播电台。2013年，巴西创办了《巴西塔利亚语》（*Brasil Talian*）杂志，旨在宣传塔利亚语。2014年，塔利亚语被列为巴西国家文化遗产。

21世纪以来，在巴西旅游部的支持下，移民后裔聚居的城市将移民语言共同官方化的趋势有所增长，例如，波美拉尼亚语在圣玛丽亚-德热蒂巴、波美罗德和维拉帕旺等城市具有共同官方语言的地位。截至2022年10月，与原住民语言相比，巴西共有41个城市将9种移民语言作为共同官方语言（见表1.7）。[2]

---

[1] 详情参见：https://web.archive.org/web/20220913033145/http://www.planalto.gov.br/ccivil_03/_ato2019-2022/2019/decreto/d9938.htm（2023年8月9日读取）。

[2] 资料来源：http://ipol.org.br/lista-de-linguas-cooficiais-em-municipios-brasileiros/（2023年8月18日读取）。

表 1.7　将移民语言作为共同官方语言的城市

城市（州）	共同官方语言
潘卡斯、拉兰加－达特拉、圣玛丽亚－德热蒂巴、维拉帕旺、多明戈斯－马丁斯、伊塔拉纳（圣埃斯皮里图州）	波美拉尼亚语
坎古苏（南里奥格兰德州）	
波美罗德（圣卡塔琳娜州）	
塞拉菲纳－科雷亚、弗洛雷斯－达库尼亚、南新罗马、帕拉伊、本托－贡萨尔维斯、法贡德斯－瓦雷拉、安东尼奥－普拉、瓜比茹、卡马戈、南卡希亚斯、伊沃拉、平托－班达拉、新帕杜瓦、巴朗、卡斯卡、维拉弗洛雷斯（南里奥格兰德州）	塔利亚语
新埃雷希姆、伊普米林（圣卡塔琳娜州）	
波美罗德、西圣若昂（圣卡塔琳娜州）	德语
威斯特伐利亚（南里奥格兰德州）	低地德语（Plattdüütsch）
安东尼奥－卡洛斯、巴朗、伊普米林（圣卡塔琳娜州）	洪斯吕克语
罗迪奥（圣卡塔琳娜州）	特伦蒂诺方言（Dialeto Trentino）
帕尔梅拉（巴拉纳州）	门诺会低地德语（Plautdietsch）
南圣马特乌斯、马莱（巴拉纳州）	波兰语
卡斯卡、卡洛斯－戈梅斯、奥雷亚（南里奥格兰德州）	
普鲁登托波利斯、马莱（巴拉纳州）	乌克兰语

　　在外语教育政策方面，巴西十分重视国民的外语能力培养。1996 年版《国家教育指导方针与基本法》规定：从五年级开始学校须至少提供一门现代外语作为选修课；中等教育阶段的学生必须选择一门现代外语作为必修课，另选一门作为选修课；高等教育应提供葡萄牙语和英语双语教学。

　　1998 年颁布的《国家课程大纲标准（初等教育第三和第四阶段）：外语》（Parâmetros Curriculares Nacionais: Terceiro e Quarto Ciclos do Ensino

Fundamental: Língua Estrangeira）强调外语教学对学生综合素质培养的重要作用，并提出在选择教学语言时，应考虑到历史、传统和社区所处的环境。然而国家课程大纲标准并不是法律文件，其实行效果有限。

  西班牙语教育在巴西受到重视，这主要是为了促进拉丁美洲地区的经济一体化。1991 年 3 月 26 日，阿根廷、巴西、巴拉圭和乌拉圭四国总统在巴拉圭首都签署《亚松森条约》（Tratado de Assunção），正式宣布建立南方共同市场（Mercado Comum do Sul）。南方共同市场成立以来，巴西和阿根廷两国历经长期对话和合作，于 2005 年签署了《西班牙语和葡萄牙语作为第二语言的推广与教学议定书》（Protocolo para a Promoção e o Ensino do Espanhol e do Português Como Segundas Línguas），正式承诺实施语言教学培训计划，并在课程设置、师资培训、远程教育和教材开发等方面建立合作关系。同年，巴西和阿根廷签订双边协议，通过"跨文化双语边境学校"（Projeto Escola Intercultural Bilíngue de Fronteira）项目，在两国边境城市建立葡萄牙语 / 西班牙语双语学校系统，以加强相邻城市间的跨文化交流与联系。项目启动之初包括了 14 个城市，其中巴西与阿根廷各占 7 个，随后扩展至南方共同市场的其他成员国。参与项目的学校安排教师定期前往邻国的学校用母语进行教学活动，教师们并不教授语言课程，但会用葡萄牙语或西班牙语授课，让学生有机会用葡萄牙语、西班牙语及某些地区的原住民语言进行交流，以促进学生的外语能力发展并激发对邻国文化的兴趣（Carvalho 2016）。在此背景下，巴西政府于 2005 年颁布第 11161 号法律，对外语课程的设置做出修改，提出要将西班牙语逐步纳入中等教育的课程，学校必须提供西班牙语课程，学生可以选修。因此，事实上，巴西的中小学外语课程以英语和西班牙语为主。

1.2.4 新共和国时期葡萄牙语的海外推广

  20 世纪 40 年代之前，巴西对葡萄牙语的推广只局限在教科书的编译方面（苏金智 1993）。自 1940 年起，巴西政府从财政上支持在国外推广葡萄牙语，外交部设立文化司，在世界各地共设立了 24 个巴西文化中心（Centros Culturais Brasileiros）[1]，其中拉美和加勒比地区13个，非洲6个，欧洲3个，中东地区2个。巴西文化中心是推广巴西葡萄牙语的主要平台，旨在传播巴西葡萄牙语及巴西的文化艺术和旅游资源。[2] 巴西政府陆续在阿根廷、哥伦比亚、哥斯达黎加、厄瓜多尔、意大利、乌拉圭和委内瑞拉设立双边文化机构（Instituto Cultural bilateral），与所在地的巴西使领馆协调开展工作。巴西文化中心与双边文化机构均负责承办巴西葡萄牙语水平测试（Certificado de Proficiência em Língua Portuguesa para Estrangeiros，简称Celpe-Bras）。1953年，巴西开始推行海外教席项目（Programa Leitorado），选拔并资助葡萄牙语、巴西文学、巴西文化专业的教师赴国外高校任职，以期在全球范围内推广巴西葡萄牙语和巴西文学。

历经几个世纪的殖民统治和大规模的外来移民迁入，在原住民语言、非裔巴西语言及各类混合语的影响下，巴西葡萄牙语与欧洲葡萄牙语及非洲葡萄牙语产生了一些差异，在词汇、发音及语法方面存在区别。为简化葡萄牙语拼写和统一葡萄牙语在不同国家的使用标准，巴西积极推动葡萄牙语正字法改革，于1990年与其他葡萄牙语国家签订了最新的正字法协定。由于涉及国家语言问题，正字法协定对于加深葡萄牙语国家之间的联系具有重要意义。

1989年，在巴西召开的首届葡萄牙语国家领导人峰会上，巴西时任总统若泽·萨尔内（José Sarney）提议成立葡萄牙语国际研究院（Instituto Internacional da Língua Portuguesa，简称IILP），旨在传播葡萄牙语，促进葡萄牙语国家间的对话。在巴西政府的积极推动下，葡萄牙语国家共同体（Comunidade dos Países de Língua Portuguesa，简称CPLP）于1996年正式成立。这一组织的初始成员国包括巴西、葡萄牙、安哥拉、莫桑比克、佛得角、几内亚比绍、圣多美和普林西比。2002年，新独立的东帝汶加入，成为第八个成员国。2014年，赤道几内亚成为第九个成员国。葡萄

---

1 即现今的吉马良斯·罗萨学院海外分院。

2 详情参见：https://iilp.wordpress.com/2013/03/28/presenca-brasileira-no-mundo/（2023年8月18日读取）。

牙语国家共同体的目标包括成员国之间的政治外交协调，经济、社会、文化、法律和技术科学合作，以及推广葡萄牙语，并于2002年正式成立葡萄牙语国际研究院，落实促进葡萄牙语传播与发展的项目。

自20世纪90年代以来，巴西与其他国家的经济、文化和科学交流日益增多，学习巴西葡萄牙语和前往巴西就读高等教育课程的需求也日渐增长。南方共同市场的成立引起了南美地区学习葡萄牙语的极大兴趣。巴西和阿根廷两国在2005年签署《西班牙语和葡萄牙语作为第二语言的推广与教学议定书》后，阿根廷政府在2008年颁布的第26468号法律中将葡萄牙语列为中学必须提供的外语课程。巴西与阿根廷等周边国家的"跨文化双语边境学校"项目使得边界线不再是语言的界限，有助于促进葡萄牙语在南美地区的传播。

巴西坎皮纳斯州立大学于1991年设立了葡萄牙语水平考试，为1992年巴西教育部、文化部和外交部批准创建全国葡萄牙语水平考试奠定了基础。1992年，巴西成立对外葡萄牙语教学国际协会（Sociedade Internacional de Português Língua Estrangeira），该协会举办了多期葡萄牙语教师培训课程，并于1997年开始在巴西各个大学举办年度大会，在乌拉圭、阿根廷、巴拉圭、智利、哥斯达黎加、古巴、莫桑比克、意大利和西班牙等国家开设了葡萄牙语和巴西文化课程（de Castilho 2001）。1996年11月，巴西举办了首届"对外葡萄牙语教学和葡萄牙语国家文化研讨会"（Seminário de Atualização em Português para Estrangeiros e Culturas Lusófonas），来自南方共同市场的22名教师参加了本次研讨会。正是在这一背景下，巴西教育部于1998年首次举行了巴西葡萄牙语水平测试。该测试强调巴西葡萄牙语与欧洲葡萄牙语的不同之处，是巴西政府官方唯一认可的葡萄牙语水平测试，获得该证书是外国学生前往巴西攻读高等教育课程的必要条件，也是许多希望在巴西工作的外国人进行学历文凭认证的必要条件。

1.3 小结

本章对巴西社会语言的发展历史进行了梳理，概述了原住民语言、葡萄牙语、非裔巴西语言以及移民语言在不同阶段的发展情况，重点介绍了巴西新共和国时期的语言政策，包括葡萄牙语的规范与教育政策、原住民语言政策、移民语言政策与外语教育政策、葡萄牙语的海外推广等内容。

虽然法律和媒体长期忽视巴西少数群体语言，将巴西视作单一语言大国，但实际上，巴西一直是一个多语言国家，巴西葡萄牙语的演变不断受到其他语言及多元文化的影响。历史上，巴西通过语言同化政策有效维护了社会稳定，促进了多民族的融合。随着社会经济的发展，巴西政府由实行严格的单语制政策逐渐向注重语言文化多样性转变，在一定程度上适应了多元文化社会发展的趋势。然而，巴西境内丰富的语言资源仍在持续减少，正面临逐步消亡的风险，巴西在保护少数群体语言资源方面仍道阻且长。

如今，葡萄牙语是巴西全境的通用语，其作为巴西官方语言的地位是十分明确的。巴西葡萄牙语已经与欧洲葡萄牙语显著地分化开来，展现出鲜明的巴西特色。然而，巴西葡萄牙语的语言标准不够明确，只有正字法对单词拼写、重音和连字符的使用有标准规定，而其他的语言表达形式，例如代词的位置、词形变化、动词变位等都没有官方标准或法律规定。巴西葡萄牙语的语言规范仍处于讨论和研究之中（Moreno 2004：10）。

第二章
巴西国家语言治理能力建设

我国多位学者对"国家语言治理能力"这一概念进行了界定。李宇明（2011）和文秋芳（2019）做出的定义较具概括性，他们认为国家语言治理能力是国家处理海内外涉及国家战略利益的事务所需要的语言能力，包括国家发展所需要的语言能力。赵世举（2015）则从国家语言治理能力的组成部分出发，认为该能力是一个国家掌握利用语言资源、提供语言服务、处理语言问题、发展语言及相关事业等方面能力的总和。不论如何表述，上述定义都呈现出共同的理解，即国家语言治理能力作为一国处理与自身战略利益相关的事务所需的语言能力，具有全局性和统领性。在此基础上，文秋芳（2019）进一步提出建设国家语言治理能力可从三个维度入手，分别是国家语言治理机构体系建设、国家语言规划制定与实施以及国家语言生活研究与交流，而衡量治理能力的指标主要包括完整性、协调度和执行力。

以文秋芳提出的国家语言治理能力三维度和衡量指标为参考，本章将通过梳理巴西国家语言治理机构体系建设、国家语言规划制定与实施、国家语言生活研究与交流三部分内容，对当代巴西国家语言治理能力做出评述。

2.1　巴西国家语言治理机构体系建设

一个国家通过自身语言治理机构来行使语言能力和处理语言问题。国家语言治理机构体系建设作为国家语言治理能力的三个维度之一，其内涵在于政府能否有效构建国家语言治理的行政体系。因此，若想分析一国的国家语言能力，必定离不开探讨其治理机构体系的构建。就巴西而言，不同机构在语言治理过程中扮演着不同的角色：国会是语言立法的发动者与制定者；政府是语言政策的实施者与推动者；而司法机构是语言政策的监督者。本节将对巴西不同语言治理机构的性质和职能进行梳理和归纳，并在此基础上分析它们与巴西语言政策的制定、落实与监督之间的联系，从而在语言治理机构体系建设的维度上探讨巴西国家语言治理能力。

2.1.1　语言治理官方机构

《巴西联邦共和国宪法》是巴西的现行宪法，于1988年10月5日颁布，是该国历史上的第七部宪法。根据巴西宪法规定，巴西是由州、市和联邦区组成的联邦制国家，实行人民主权原则和权力分立原则，立法权由国会行使，行政权由共和国总统在各部委协助下行使，司法权由以联邦最高法院为首的司法体系行使。巴西语言政策的提出、实施与监督同样由不同权力部门执行。下文具体阐述。

2.1.1.1　国会：语言立法的发动者与制定者

根据巴西宪法，国会是国家最高立法机关，其主要职责在于行使立法权力并对其他权力进行监督。经共和国总统批准，国会有权规定联邦管辖范围内的所有事项，包括研究其他人提出的法案，例如全国和地区性的发展计划、年度预算法、行政部门发布的临时措施等，并对其进行辩论表决、提出改进意见、批准或拒绝这些法案等。

巴西国会实行两院制，由参议院（Senado）和众议院（Câmara dos Deputados）构成，两院各选举一名主席，由参议长兼任国会主席。参议员和联邦众议员由人民通过直接和无记名投票选出，议员每四年选举一次。两院所行使的权力相同，但议员构成、席位分布与选举方式均不相同。

参议院代表联邦区和各州行使立法权力，其设立目的在于保证联邦各州都能享受同等的代表权，因此，每个联邦单位不论土地大小与人口众寡，均在参议院中占有 3 个席位。巴西共有 26 个州和 1 个联邦区，相应地，参议院共设 81 个席位。参议员通过多数制选举产生，各州和联邦区的代表每八年换届一次，交替改选三分之一和三分之二的参议员。

众议院代表人民行使立法权力。为保证每个议员所代表的人口数量达到平衡，众议院席位分布按照联邦各州人口数量确定。议员通过比例制选举产生，确保各政党在众议院的代表比例与其在全国范围内获得的票数相匹配。每个州在众议院中的最低席位数和最高席位数是有限定的，以保障即使人口较少的州也能在众议院中有适当代表，同时避免人口最多的州在决策中占据压倒性的优势。与参议院的平等代表制不同，在众议院中，人口较多的州可以占有更多的席位，这使得它们在国家决策中拥有较大的影响力。

语言政策作为国家发展的重要议题之一，被纳入国会讨论的范畴。自巴西联邦政府成立以来，历届国会通过了大量与语言政策相关的法令。这些法令或是显性的或是隐性的，涉及国家语言生活的多个方面，确立了巴西以葡萄牙语为官方语言、保障民族语言使用者权利的语言政策格局。除国会外，巴西作为联邦制国家，各州、市两级设有地方议会，行使地方立法权。因此，各级地方议会有权针对当地语言生态情况进行立法，这也对葡萄牙语的普及和民族语言的保护起到重要作用。例如，亚马孙州的圣加布里埃尔－达卡舒埃拉市便在 2002 年通过第 145 号法律，2017 年通过第 84 号法律，将涅恩加图语、图卡诺语、巴尼瓦语和亚诺玛米语四种美洲原住民语言与葡萄牙语并列设置为官方语言。

2.1.1.2 政府：语言政策的实施者与推动者

巴西实行总统制共和国体制。根据其宪法，总统担任国家元首、政府首脑以及武装部队的最高指挥官。总统的选举是通过直接投票产生的，任期为四年。选举在 10 月的第一个星期日举行首轮投票，若有候选人在首轮中获得超过半数的有效票（即绝对多数票），则直接当选为总统。如果首轮投票未产生获得超过半数票的候选人，票数最多的两名候选人将进入第二轮投票，此轮投票中得票多者胜出，成为总统。

行政权由共和国总统在部委的协助下行使，后者为政府政策的具体执行机构，各部长由总统任命，不同部委负责不同领域的管理事务。本届联邦政府于 2023 年 1 月 1 日成立，总统由路易斯·伊纳西奥·卢拉·达席尔瓦（Luiz Inácio Lula da Silva）担任，目前共有 38 个部级单位。在国家语言治理中，政府一方面负责草拟相关法案并提交至国会审议，另一方面负责在其职权范围内依法履行与语言政策相关的法律。其中，涉及语言政策的主要部门包括教育部和外交部。

教育部肩负巴西语言国内普及和海外推广的双重任务。在国内普及层面，语言教育乃语言普及的重要阵地，巴西政府通过出台《国家教育指导方针与基本法》、《国家课程大纲标准》（Parâmetros Curriculares Nacionais）、《国家教育计划》（Plano Nacional de Educação）等系列文件，明确不同阶段葡萄牙语的教学内容与教学目标，在扩大国家通用语普及的同时，制定配套政策、课程大纲和双语教育项目来保障以民族语言为母语的学生群体的融入，在推广国家通用语的基础上关注教育公平。在海外推广层面，教育部通过设立海外巴西学校（Escolas Brasileiras no Exterior）、开展语言测试等途径，传播巴西语言及文化。

在语言政策方面，外交部主要负责葡萄牙语在海外的推广。为此，外交部下设吉马良斯·罗萨学院（Instituto Guimarães Rosa），通过签订文化合作协议以及联合出版等方式，促进葡萄牙语以及其他与语言相关的文化形式在海外的传播，[1] 并以海外使馆为依托，设立吉马良斯·罗萨学院海

---

1 详情参见：Ministério das Relações Exteriores. 2021. Divisão de Ações de Promoção da Cultura Brasileira. https://www.gov.br/mre/pt-br/assuntos/cultura-e-educacao/promocao-da-cultura-brasileira/divisao-de-acoes-de-promocao-da-cultura-brasileira（2023 年 7 月 24 日读取）。

外分院，作为传播语言文化的媒介为对象国民众提供葡萄牙语和巴西文化方面的课程以及相关活动。

另外，司法与公共安全部作为管理外来移民的职权部门，明确规定具备使用葡萄牙语沟通交流的能力是获得巴西国籍的必要条件，从隐性层面巩固葡萄牙语的主体地位，间接起到实施语言政策的作用。这一情况将在2.2.4 小节"葡萄牙语官方语言地位在法律中的隐性体现"中详述。

2.1.1.3 司法机构：语言政策的监督者

巴西宪法规定，司法机构是保障个人、集体和社会权利，解决公民、组织和国家之间的冲突的单位。与国家其他权力机构一样，司法机构享有行政独立权和财政自主权，以保证在判决中保持公平、公正的态度与立场。巴西司法体系根据职能细分为若干不同单位，这些单位在特定领域开展司法工作，并拥有各自的管辖权。宪法规定，司法机构包括联邦最高法院、联邦法院、高等司法法院、高等劳工法院、高等选举法院、高等军事法院和各州法院。另外，联邦法院体系和州一级法院体系各自拥有组织架构，互相独立。

联邦最高法院是全国最高司法机构，主要职责包括维护宪法、规范判例和解决与下级法院之间产生的分歧。联邦最高法院由 11 名大法官组成，大法官应从 35 岁以上、65 岁以下，具有卓越法律知识和良好声誉的巴西公民中选任，且须由共和国总统提名，并获得联邦参议院批准。

联邦法院由至少 33 名法官组成，法官应来自全国各地，以反映巴西文化的多样性与社会现实的差异性。其中，三分之一的法官从联邦地区法院法官中选任，三分之一的法官从州高等法院法官中选任，其余三分之一则平等地从法律界人士和检察官中交替选任。联邦法院的主要职责在于保障公民权利，维护宪法和国家秩序，加强民主。

作为国家语言政策的监督者，巴西司法机构有权依照宪法与相关判例，对有争议的法案或法令做出裁决。例如，2009 年 7 月，巴拉那州议会通过第 16177 号法律，规定所有在巴拉那州境内播放的外语广告影片均须翻译成葡萄牙语，旨在提升葡萄牙语的地位与普及程度，并便于不懂外语的人理解广告内容；违反者将被处以 5,000 雷亚尔的罚款，重犯者罚款金额翻倍。该法令颁布后引起了争议。同年 10 月，巴拉那州户外广告公司联盟（Sindicato das Empresas de Publicidade Externa，简称 Sepex）向巴拉那州法院提出上诉，在法院受审后，第 16177 号法律相关规定暂停执行。2010 年，巴拉那州法院针对该案做出最终裁决，认为第 16177 号法律未能尊重公民自由表达思想的基本权利，而且国家无权对商业广告进行立法，故宣布该法违宪，其内容不再生效。[1] 由该案例可以看出，法院的监督和裁决为国内语言生态的平衡和健康发展提供了必要的保障。

2.1.2　语言治理学术机构

巴西的语言治理学术机构以语言文化机构和不同领域的协会为主；就语言治理而言，其功能更多是跟踪与分析国内语言生活现状与语言政策落实情况，进而扮演建言献策的角色，并以自身成果为基础开展相关语言活动。这些学术机构虽不属于国家语言政策的有机组成部分，但一定程度上为语言政策的制定与修正扮演着风向标的角色。巴西语言治理学术机构主要包括语言政策研究与发展研究所（Instituto de Investigação e Desenvolvimento em Política Linguística，简称 IPOL）、巴西文学院、国家历史和艺术遗产研究所（Instituto do Patrimônio Histórico e Artístico Nacional，简称 IPHAN）、巴西应用语言学协会以及各类研究机构和协会。

2.1.2.1　语言政策研究与发展研究所

语言政策研究与发展研究所成立于 1999 年，总部位于巴西圣卡塔琳娜州首府弗洛里亚诺波利斯市，是一个代表民间社会利益的非营利文化教

---

[1] Migalhas. 2010. Lei que proiba a utilização de palavras estrangeiras em propagandas no Paraná é considerada inconstitucional. https://www.migalhas.com.br/quentes/109656/lei-que-proiba-a-utilizacao-de-palavras-estrangeiras-em-propagandas-no-parana-e-considerada-inconstitucional (accessed 24/07/2023).

育机构，成员包括来自人类学、生态学、教育学、历史学、文学、语言学、社会学等不同知识领域的专业学者。巴西作为"民族大熔炉"，境内语言繁多，除了作为官方语言的葡萄牙语外，以其他语言为母语的群体有权使用自己的语言，传承自身文化，这也构成了语言政策研究与发展研究所诞生的初衷，即致力于为巴西不同语言群体服务，并按照他们的需求提供技术咨询。

在成立的前三年中，语言政策研究与发展研究所主要围绕两个方面开展活动：一是与弗洛里亚诺波利斯市教育局合作，开展与语言相关的继续教育活动并针对相关教学法进行研究；二是提供与亚马孙地区原住民语言相关的赋能培训课程。自2002年起，研究所的活动范围得到拓展，开始与布卢梅瑙市教育局合作，开展与移民语言相关的双语教学活动。2005年，研究所将科研和服务对象扩大至南方共同市场，参与"跨文化双语边境学校"项目。在该项目中，研究所除了与高等教育机构合作提供研究生课程外，还提供教学与技术方面的咨询指导，包括对巴西与阿根廷、巴拉圭、乌拉圭和委内瑞拉接壤地区的语言及其使用群体进行社会语言学分析，以便为公共教育政策的制定提供帮助。目前，语言政策研究与发展研究所的主要研究领域包括语言权利、双语及多语政策、巴西语言词汇等。

2.1.2.2 巴西文学院

巴西文学院于19世纪末借鉴法国法兰西学术院而成立，总部位于里约热内卢市。根据其章程，该机构承担着规范巴西葡萄牙语并促进巴西文学艺术发展的重要任务。尽管巴西文学院并非政府官方机构，在法律上也不具备执行或监督国家语言政策的权力，但仍被普遍视为巴西葡萄牙语的权威机构，在巴西国内享有崇高威望。

巴西文学院致力于期刊、著作的出版以及巴西葡萄牙语正字法词汇表的编纂工作，其词典编纂的传统始于1933年出版的《葡萄牙语正字法和发音词汇》(*Vocabulário Ortográfico e Ortoépico da Língua Portuguesa*)，该成果由巴西文学院和葡萄牙里斯本科学院共同完成，后续不断更新，演变成为目前的《葡萄牙语正字法词汇表》(Vocabulário Ortográfico da Língua Portuguesa)。正字法词汇表是规范语言拼写的重要工具，它不仅可以作为词汇正确拼写的参考，还可以作为编纂葡萄牙语通用词典的基础。20世纪90年代，巴西文学院代表与葡萄牙里斯本科学院代表以及安哥拉、佛得角、几内亚比绍、莫桑比克、圣多美和普林西比代表团在里斯本通过了葡萄牙语正字法文本草案，为七国政府后续签署《葡萄牙语正字法协定》打下了基础。[1]

2.1.2.3 国家历史和艺术遗产研究所

国家历史和艺术遗产研究所成立于1937年，当时称为"国家历史和艺术遗产服务"(Serviço do Patrimônio Histórico e Artístico Nacional，简称SPHAN)。该机构由著名历史学家和文化保护主义者罗德里戈·梅洛·弗兰科·德安德拉德(Rodrigo Melo Franco de Andrade)创立，他是巴西文化遗产保护运动的先驱之一。作为国家历史文化遗产的重要组成部分，巴西丰富的语言成为国家历史和艺术遗产研究所的保护对象。研究所的职责包括重视和推动巴西的语言多样性，促进生产与巴西语言相关的知识和文献，保障语言权利以及推进语言多样性政策的实施。[2]

为此，研究所推出《国家语言多样性目录》，通过开展语言鉴别、转写等活动，掌握巴西不同语言的具体情况并进行记录和分析，从而保护巴西语言的多样性，集研究和文化遗产保护双重性质于一身。具体而言，要将一种语言列入该目录，必须对其进行了解，在收集语料文献的基础上，记录其使用情况并评估其活力状况。除了自上而下保护巴西语言多样性之外，该项目还动员各语言使用群体，加强他们对自己语言的认知与保护意识，从而自觉成为自身文化遗产的保卫者与管理者。

1　CPLP. 2017. VOLP: Vocabulário Ortográfico da Língua Portuguesa, 6.ª edição. https://voc.cplp.org/index.php?action=von&csl=br (accessed 10/08/2023).

2　IPHAN. Inventário Nacional da Diversidade Linguística (INDL). http://portal.iphan.gov.br/pagina/detalhes/140 (accessed 10/08/2023).

2.1.2.4 巴西应用语言学协会

巴西应用语言学协会成立于 1990 年 6 月 26 日，宗旨在于为推动巴西应用语言学领域的研究与交流提供一个充满活力的学术平台。在该协会探讨的众多语言学议题中，语言规划和语言政策作为新兴的研究方向，主要研究内容为如何制定和实施语言政策，以达到社会、政治、经济和文化等目标。

2013 年，巴西应用语言学协会作为组织方，在里约热内卢举办第十届巴西应用语言学大会（Congresso Brasileiro de Linguística Aplicada，简称 CBLA）。大会主题为"政治与语言政策"，由四场全体会议、四场圆桌会议和一场对话组成，旨在为各地应用语言学学者探讨语言政策或其他相关议题搭建平台，促进本次会议主题和应用语言学在巴西的发展。在大会成果的基础上，巴西应用语言学协会与巴西桥梁出版社（Pontes Editores）联合出版了《政治与语言政策》（*Política e Políticas Linguísticas*）一书。该书由 13 章组成，在语言政策与全球化、多元文化主义、语言教学、少数群体权利、扫盲、教师培训等相关议题间搭建联系，从而以更多元的视角来审视和探讨这一主题。

2.2 巴西国家语言规划的制定与实施

传统意义上的语言规划主要是指国家权威机构对国内语言使用的计划和管理，而这一目的往往通过立法来达成。语言规划的主要类型包括地位规划、本体规划和习得规划。近年来，随着语言规划理论的不断发展，语言规划逐步被分为宏观语言规划和微观语言规划，语言规划的主体层次得到进一步丰富，由国家下沉至社会组织、学术部门、社区家庭等社会单位。

在巴西的案例中，尽管民间组织在语言治理中发挥着越来越明显的作用，但国家层面的立法依旧在很大程度上主导着国家语言政策走向。因此，本节将分地位规划、本体规划和习得规划三个类别梳理巴西国内涉及语言规划的主要法律，并关注葡萄牙语官方语言地位在法律中的隐性体现，以此探讨巴西国家语言规划的制定与实施。

2.2.1　地位规划主要法律

语言的地位规划是指为某种语言配置特定的社会功能，赋予其地位及象征意义，进而影响其在社会中所起的作用，具体包括语言的选择（如官方语言）、语言传播等活动。在多语社会中，语言的地位规划往往要综合考虑包括语言的中立性、标准化、使用的广泛性、声望在内的种种因素。根据功能与使用群体的不同，语言可以分为民族语言、官方语言、法律语言、本族语言、区域语言、少数群体语言、教育语言等（Cooper 1989：99-119）。

巴西作为一个多民族国家，被称为"民族大熔炉"，国内语言数量繁多。根据 2010 年人口普查数据，超过 99% 的巴西人将葡萄牙语作为自己的母语，与此同时，巴西境内共计有 305 个原住民族群，原住民语言数量达到 274 种。此外，在巴西移民群体聚集的州和市，居民还会使用西班牙语、德语、意大利语等外语。在这一背景下，巴西当局对国内语言进行规划，并明确区分了不同语言的功能与象征意义。

在联邦层面，巴西语言规划以 1988 年颁布的《巴西联邦共和国宪法》为根本依据。在该宪法颁布之前，尽管葡萄牙语在巴西担任着维护国家语言统一的角色，但其地位并未在法律上得到确立，国内各语言之间的关系与地位也未得到厘清。在《巴西联邦共和国宪法》中，涉及语言规划的条款包括：

【第 2 编第 3 章　国籍】第 13 条　葡萄牙语是巴西联邦共和国的官方语言。

【第 8 编第 3 章　教育、文化和体育】第 21 条第 1 款　国家应对普通大众、原住民群体、非洲裔巴西人及国家文明发展进程中其他参与群体的文化表现予以保护。

【第 8 编第 3 章 教育、文化和体育】第 210 条第 2 款 葡萄牙语应为普通初等教育的官方语言，但应同时保障原住民社区可以使用自己的母语和学习方式进行教育。

【第 8 编第 8 章 印第安人】第 231 条 应承认印第安人的社会结构、习俗、语言、信仰和传统，并保障根据传统由其占有的土地所有权。联邦有责任划定这些土地，并对印第安人所有资产予以保护和尊重。

针对葡萄牙语，宪法第 13 条明确了其官方语言的身份，并在第 210 条第 2 款中规定，葡萄牙语为普通初等教育的官方语言，也是巴西课堂中的教学语言。在确立葡萄牙语主体地位的同时，宪法同样体现了保障不同语言群体权利的愿景，将民族语言纳入巴西文化遗产并对其进行保护，在承认葡萄牙语作为官方教学语言的同时，确保以原住民语言为母语的学生能够使用自己的语言进行学习。

在州级层面，南大河州曾针对塔利亚语进行立法，宣布它为国家历史文化遗产。塔利亚语起源于居住在南大河州的意大利移民及其后代，随着时间的推移，它与当地的语言相互融合，形成了今天的塔利亚语。在市级层面，多个原住民集中的城市颁布法律，根据当地情况，将民族语言列为共同官方语言，较具代表性的包括亚马孙州的圣加布里埃尔－达卡舒埃拉市。该市于 2002 年通过第 145 号法律，根据当地现实情况，将具有较大规模使用群体的三种原住民语言——涅恩加图语、图卡诺语和巴尼瓦语设为共同官方语言，相关法律条例如下：

第 1 条 葡萄牙语是巴西联邦共和国的官方语言。
　　独立条款 特此规定，亚马孙州圣加布里埃尔－达卡舒埃拉市将涅恩加图语、图卡诺语和巴尼瓦语作为共同官方语言。
第 2 条 针对本法授予的共同官方语言地位，市政府须：
　　第 1 款 使用官方语言（葡萄牙语）和三种共同官方语言

提供口头和书面服务；

　　第 2 款　使用官方语言和三种共同官方语言撰写政府文件和开展机构宣传活动；

　　第 3 款　鼓励和支持在学校及媒体中学习并使用共同官方语言。

　　第 3 条　所有以官方语言或任何一种共同官方语言采取的行动均有效力。

　　第 4 条　在任何情况下，任何人都不得因使用官方语言或共同官方语言而受到歧视。

2017 年，该市又通过第 84 号法律将亚诺玛米语设立为共同官方语言。同样地，2021 年 9 月，圣保罗市市长里卡多·努内斯（Ricardo Nunes）向市议会提交了一份将瓜拉尼语作为该市共同官方语言的法案。该法案规定，除了文件的书写使用瓜拉尼语外，还要鼓励在学校及媒体中学习和使用瓜拉尼语，特别是在该市的原住民领地区域。[1]

2.2.2　本体规划主要法律

语言地位规划聚焦于塑造特定语言文字在社会交际中的地位，属于语言规划的外部领域。而本体规划则专注于某一语言自身的普及、标准化和规范化问题，是一种针对语言内部的规划。语言的本体规划主要包括三方面内容，即共同语的推广和规范化、文字规范和标准的制定、科学技术术语的标准化（冯志伟 2000）。下文将从以上三个方面梳理巴西与语言本体规划相关的主要法律。

1　Prefeitura de São Paulo. 2021. PROJETO DE LEI EXECUTIVO Nº 436 DE 6 DE JULHO DE 2021. https://veja.abril.com.br/coluna/radar/prefeitura-de-sao-paulo-quer-guarani-como-segunda-lingua-oficial-da-cidade (accessed 10/08/2023).

2.2.2.1 共同语的推广和规范化

冯志伟（2000）指出，推广共同语是语言文字本体规划最重要的工作。共同语的范围有大小的不同，包括民族共同语、全国共同语、区域性的国际共同语乃至世界性的国际共同语。在巴西的案例中，葡萄牙语作为官方语言，既构成全国共同语，又在海外传播。国内而言，葡萄牙语在教育体系中具有官方教学语言和必修科目的双重作用。海外而言，除了通过设立吉马良斯·罗萨学院海外分院、开展巴西葡萄牙语水平测试等途径促进巴西葡萄牙语在海外的传播外，巴西还在葡萄牙语国家共同体的框架下积极促进葡萄牙语的国际推广，具体内容将在第四章详述。

2.2.2.2 文字规范和标准的制定

在几个世纪的变迁中，巴西葡萄牙语逐渐发展出自己的语音、词汇和语法特色，成为民族认同感的重要组成部分，这也催生了制定自己的文字规范和标准的需求。在这一背景下，相关领域学者和研究人员开始从语法、词汇、书写等多个方面对巴西葡萄牙语进行规范，树立其独特性。

正字法标准的制定是文字规范和标准制定的主要内容，也是确定文字书写和语法规范的根本途径。除巴西外，世界上还有八个葡萄牙语国家，分布在非洲、亚洲、欧洲三个大陆。为了消除语言上的分歧，促进葡萄牙语国家共同体在国际事务中发挥整体集团优势，提高其国际地位，葡萄牙语国家开始着手起草正字法，旨在为葡萄牙语制定统一的规范和标准，从书写角度对葡萄牙语进行统一和简化。为了达成这一目的，葡萄牙里斯本科学院代表、巴西文学院代表，以及安哥拉、佛得角、几内亚比绍、莫桑比克、圣多美和普林西比的代表团成立共同委员会，最终形成了葡萄牙语正字法文本草案，于1990年在里斯本通过。在该草案的基础上，同年12月16日，上述七个葡萄牙语国家的政府代表在里斯本共同签署了《葡萄牙语正字法协定》及其附件，推动正字法在葡萄牙语国家的日常生活、政府公务、文化教育、新闻传媒等领域使用，展现了葡萄牙语文字在国际层面的规范化尝试。

在民族语言层面，巴西政府对多种原住民语言进行转写、规范和语音录制。1967年12月5日，巴西政府通过第5371号法律，正式成立国家原住民基金会（Fundação Nacional do Índio），将其作为处理原住民事务的官方机构之一。自2009年以来，国家原住民基金会开启《原住民语言文献记录项目》（Programa de Documentação de Línguas Brasileiras），旨在协调国家原住民语言转写和记录工作，以保护巴西境内现有的原住民语言并推动其发展传承。《原住民语言文献记录项目》由国家原住民基金会和德国马克斯·普朗克研究所（Instituto Max Planck）以及巴西的几所大学和研究中心联合开发，并得到了巴西银行基金会（Fundação Banco do Brasil）和联合国教科文组织（Organização das Nações Unidas para a Educação, a Ciência e a Cultura，简称UNESCO）的支持。在过去的10年中，《原住民语言文献记录项目》与来自亚马孙州的17个原住民族群建立了合作伙伴关系，对亚诺玛米语、卡诺埃语（Kanoé）等濒临灭绝的语言进行记录和文献保存，并与时俱进，运用电子技术开发系列线上词典，涵盖瓜托语（Guató）、耶夸纳语（Ye'kwana）、萨诺玛语（Sanöma）和卡瓦希瓦语（Kawahiva）四种语言词典的应用程序。这些应用程序由相关领域的原住民研究人员、非原住民研究人员以及部落智者组成的团队开发而成，目前可以在谷歌应用商店（Google Play）上免费下载。[1]

2.2.2.3　科学技术术语的标准化

术语标准化是一种典型的语言本体规划工作，该工作具有三个基本性质：权威性、社会性和交际目的性。一方面，术语标准化的推行单位一般为政府或社会集团等具有强制力或影响力的机构，个人难以左右术语标准的制定和推行，故术语标准化具有权威性和社会性。另一方面，进行术语标准化的目的在于避免术语混乱影响跨语种科学技术交流，从而减少人们

---

[1] UNICEUB. 2021. Dicionários de línguas indígenas estão disponíveis para download gratuito. https://agenciadenoticias.uniceub.br/cultura/dicionarios-de-linguas-indigenas-estao-disponiveis-para-download-gratuito/(accessed 12/08/2023).

在技术领域的沟通障碍，因此，术语标准化具有交际目的性。随着技术不断迭代升级和全球化进程的加深，术语标准化已成为国际学术交流中日益重要的前提条件，得到了世界各国的广泛关注。在国际上，国际标准化组织成立了术语标准化技术委员会，专门负责术语标准化工作。

巴西是葡萄牙语国家共同体的成员国之一。该组织的宗旨是在相互支持、相互尊重的基础上进行政治协商，以及在经济、教育、文化和社会等领域开展合作。针对葡萄牙语的推广和研究，葡萄牙语国家共同体专门设立葡萄牙语国际研究院，并推出通用科学技术术语项目（Projeto Terminologias Científicas e Técnicas Comuns），用于规范和统一各葡萄牙语国家内部的科技词汇。该项目的目标在于通过"葡萄牙语常用正字法词汇"（Vocabulário Ortográfico Comum da Língua Portuguesa，简称VOC），公开向民众免费提供由葡萄牙语国际研究院统一发布的葡萄牙语科学与技术术语。各葡萄牙语国家在该项目框架下创建联合术语资源。2021年，在巴西外交部牵头支持下，葡萄牙语国际研究院在巴西开展项目并提供技术培训工作，培训班于11月22—26日期间在巴西利亚大学举办。[1]

2.2.3 习得规划主要法律

习得规划是为了培养和维护语言社区成员语言熟练程度、获得语言能力而采取的语言规划活动。语言教育是语言普及的重要阵地，因此，习得规划是实现语言地位规划和本体规划的有效手段之一。自20世纪下半叶以来，巴西政府先后出台《国家教育指导方针与基本法》《国家课程大纲标准》《国家教育计划》等一系列法律文件，明确规定了语言学习在不同教育层次中的原则、内容和形式，这些文件成为国家落实语言习得规划的法律准绳。

在葡萄牙语层面，在1988年《巴西联邦共和国宪法》将葡萄牙语确

---

[1] CPLP. 2021. Brasil acolhe segunda formação em «Terminologias Científicas e Técnicas Comuns da Língua Portuguesa» do IILP. https://www.cplp.org/id-4447.aspx?Action=1&NewsId=9339&M=NewsV2&PID=10872 (accessed 12/08/2023).

立为官方语言后，1996年版《国家教育指导方针与基本法》规定初等教育阶段的教学语言为葡萄牙语，并确保原住民社区使用其母语和自己的学习方式教学，葡萄牙语成为教学语言和重要必修科目。具体内容将在下一章详细阐述。

在原住民语言层面，巴西作为一个多语言国家，应保障不同语言使用群体的相应权利。《巴西联邦共和国宪法》规定，葡萄牙语是全国通用的官方语言，但承认原住民的社会结构、风俗、语言、信仰和传统的重要性，并保障原住民社区可使用当地居民的母语来开展教学活动，第一次在官方层面认可了原住民的语言权利。

此后，巴西政府陆续颁布相关法律，1993年发布《全国原住民学校教育政策纲要》，规定原住民学校既要为当地社区的学生设计专门的、有别于其他民族学生的教学内容，又要保证官方语言的教学，以促进各民族学生之间的交流，为原住民学生毕业后融入主流社会做准备。1996年版《国家教育指导方针与基本法》则在教材编写、教学大纲制定、师资培养等方面对原住民教育做出要求。1998年，教育部颁布《全国原住民学校课程大纲参考》。次年，巴西政府发布《全国原住民学校教育大纲指导方针》，正式设立"原住民学校"这一学校类别，并提出应当为原住民学校颁布专门的法律条文和运作规章，旨在保障其在开展双语教学和课程设计上的自主权和独立性。另外，该文件还督促各州政府设立原住民教师专项培训计划，为原住民教师制定专门的职业发展规划，为跨文化双语教育培养专业师资。《全国原住民学校教育大纲指导方针》强调原住民学校的教学重点是在教学中使用当地的母语，应将双语教育视作保障原住民语言文化传承和推动原住民群体融入巴西社会的途径。

上述文件从法律层面为开展跨文化双语教育提供了依据。在政策的落实方面，为保证跨文化双语教育的实施，巴西政府专门成立了"继续教育、扫盲和多样性秘书处"，也就是现"继续教育、扫盲、多元与包容秘书处"的前身，令其负责编写用原住民语言书写的教材、双语教材和葡萄牙语教材，同时为原住民教育提供政治、经济以及教学上的支持。

简而言之，巴西政府围绕跨文化双语教育展开一系列立法工作，使其有法可循，一定程度上促进了原住民社区双语教育的推广。不过，也有学者提出，需要注意到跨文化双语教育局限在基础阶段，教学过程中运用"过渡式"双语教育模式，其最终目的是让以原住民语言为母语的学生掌握葡萄牙语。

随着经济全球化的深入和巴西国际化水平的提升，巴西人民越来越重视外语（特别是英语）的学习，国际通用语也被打上了"卓越"的标签，成为社会阶层跃升的符号（Rajagopalan 2009）。正如上文所述，尽管早在军事制度时期英语教育便已得到推广，但它并未被列为必修科目，同时，设立的学校数量和教学质量亦受到限制。这意味着，学生若想熟练掌握英语，就需要借助课外辅导、访学留学等课外资源，这也要求学生具备较好的家庭经济条件。正是由于这个原因，外语学习往往被视作精英阶层的专利。

针对这种现象，自20世纪90年代起，巴西政府开始逐步规范立法，以拓宽外语教育的普及范围。1996年，巴西召开第一届"国家语言政策大会"（Conferência Brasileira de Política e Planejamento Linguístico），会议通过了《弗洛里亚诺波利斯宣言》（Carta de Florianópolis），强调在全球化不断深入的当下，所有巴西人都享有接受外语教育的权利。同年，巴西政府颁布再次修订后的《国家教育指导方针与基本法》，规定自基础教育五年级起，外语教育列入学校的必修课程，但对学生的要求仅仅停留在阅读能力的层面。1998年，巴西政府颁布《国家课程大纲标准》，将外语能力考查范围扩大至口语和书写，旨在为巴西培养现代公民。值得注意的是，虽然上述文件并未明确规定外语种类，但自军事制度时期起，英语便成为巴西外语教育中的主要外语，而外语教育和英语教育逐步重叠也被部分学者认为是多语政策的倒退（Day 2016）。2017年，巴西政府颁布第13415号法律，对中等教育进行改革，自基础教育六年级开始，英语同葡萄牙语和数学一样，被列入学校必修科目，成为唯一一门被纳入必修课程大纲的外语。此举进一步确立了英语在外语教育中的主导地位。

随着外语教育的发展，近年来双语教育成为巴西热点话题。实际上，双语教育在巴西存在已久，但因地区不同，学校数量不甚统一，各地的立法工作进程也不同。例如，里约热内卢州和圣卡塔琳娜州分别在2013年和2016年针对外语双语教育颁布指导文件，以规范基础教育中的双语教学。两份文件首先厘定双语教学的概念和门槛，并对课程大纲、课时数量与分配做出规定，要求在学校中使用两种语言交流，营造文化氛围，以便学生在不同的学习环境和多样的教学科目中沉浸于两种语言之中，吸纳新语言，就如自己的母语一般。

2020年，巴西政府出台《全国多语教育指导方针》（Diretrizes Nacionais para a Educação Plurilingue），就双语学校资质、教学时长和教师资格提出意见，在定义双语学校的同时提出双语课程应扩大规模，涵盖学前教育、初等教育和中等教育三个阶段，并建议在国家层面为教师制定统一的能力评估和认证标准，为学生制定统一的语言能力素养评估和认证标准，为编写多语教育教材和创建数字平台创造条件等，进一步对双语教育做出规范。

2.2.4　葡萄牙语官方语言地位在法律中的隐性体现

Spolsky（2004:39）指出，即使没有权威机构的直接发布或明确制定，语言政策也能够存在。显性的语言政策依靠强制性的法律、法规等工具，影响和规范语言使用，推动某种语言的发展或不同语言之间的关系朝向官方预期的方向演进。然而，在现实中，不仅是显性政策，隐性政策同样对语言生态产生重要影响。这种政策使人们在不显著但自觉的情况下调整语言使用模式。只有结合显性和隐性两个维度，才能深刻理解语言规划和政策的全貌。因此，下文就葡萄牙语官方语言地位在法律中的隐性体现展开论述。

作为巴西官方语言的葡萄牙语，是巴西政府、国会和法院的工作语言，官方文件和法律条文均使用葡萄牙语书写。例如，宪法作为巴西具有最高地位的大法，使用葡萄牙语起草和颁布，从侧面凸显了葡萄牙语在巴西的官方地位。同时，葡萄牙语也是巴西外交工作的语言，并扮演着一种战略资源的角色，是维系与其他葡萄牙语国家关系的重要纽带。以葡萄牙语为基础，各葡萄牙语国家成立了葡萄牙语国家共同体这一国际组织，其宗旨之一便是促进葡萄牙语在国际范围内的使用，并为此专门成立了葡萄牙语国际研究院，其具体功能将在下章阐述。此外，葡萄牙语还是葡萄牙语国家共同体议会（Assembleia Parlamentar da Comunidade dos Países de Língua Portuguesa，简称 AP-CPLP）的工作语言，其官方地位被明确写入会议章程的第 3 章第 10 条。

除了是政府部门的工作语言外，葡萄牙语还是获得巴西国籍的重要条件。"在普通入籍"（Naturalização Ordinária）这一项中，申请人须具有民事责任能力、刑事责任能力、固定居所以及使用巴西葡萄牙语交流的能力。掌握巴西葡萄牙语是获得巴西国籍的基本条件之一，司法与公共安全部网站明确指出，"只有能够使用葡萄牙语进行交流才能被视为巴西人"。申请人须满足以下条件之一才被视作具备使用巴西葡萄牙语交流的能力：[1]

1. 外国公民在通过巴西葡萄牙语水平测试后获得葡萄牙语水平证书，该考试由巴西阿尼西奥·特谢拉国家教育研究院（Instituto Nacional de Estudos e Pesquisas Educacionais Anísio Teixeira，简称 INEP）组织举办。
2. 完成巴西教育部认证的高等教育或研究生课程，如果得到教育部的批准，可以通过远程方式完成课程。
3. 出具在葡萄牙语国家的教育机构完成本科、研究生或同等学力课程后所获得的文凭或文件，该文凭或文件须得到巴西现行法律认可。
4. 通过由巴西联邦律师委员会（Conselho Federal da Ordem dos Advogados do Brasil，简称 OAB）举办的律师考试。
5. 完成由巴西教育部认证的高等教育机构举办的针对移民群体的葡

---

[1] Ministério da Justiça e Segurança Pública. Naturalização Ordinária. https://www.gov.br/mj/pt-br/assuntos/seus-direitos/migracoes/naturalizacao/o-que-e-naturalizacao (accessed 15/08/2023).

萄牙语课程，并获得相应成绩。该课程可以通过远程方式进行，前提是学生须至少在其注册的高等教育机构接受一次面对面评估。若学生居所远离其注册的高等教育机构，可就近在教育部认证的其他高等教育机构接受评估。需要注意的是，仅注明学生"参与"或"注册"某课程的证明不予接受，文件上必须明确标注该生"通过"课程。

6. 出具通过国家青少年和成人技能认证考试（Exame Nacional para Certificação de Competências de Jovens e Adultos，简称 ENCCEJA），完成小学或中学教育的证明。

7. 因参加并通过巴西公立大学举办的竞赛而获得批准，被任命为教授、技术员或科学家。

8. 出具在巴西教育机构完成初等教育、中等教育或继续教育的学校档案或证明，教育机构须具有其所在地教育局的认证。

9. 获得外国高等教育机构颁发的医学学位且通过国家重新认证考试。

  葡萄牙语的隐性地位规划还体现在国家公职人员的选拔中。虽然成为公职人员的条件并未明确包括掌握葡萄牙语这项技能，但首个要求便是申请人为巴西籍公民。正如上文所述，掌握巴西葡萄牙语是申请巴西国籍的必要条件，这也间接使得葡萄牙语成为申请巴西公职人员的门槛。

  在教育体系中，除了规定葡萄牙语为官方教学语言这一显性语言政策之外，教育评估和测试将掌握葡萄牙语技能视作学生学习表现的重要组成部分，也蕴含了隐性语言政策。

  基础教育评估体系（Sistema de Avaliação da Educação Básica）是巴西国内第一个国家层面大规模的评估体系，每两年通过测试和问卷调查采集一次样本，涵盖公立教育体系和私立教育体系，在参考学生其他信息的基础上对评估结果进行分析，进而掌握巴西基础教育学生的学习表现以及可能影响学生学习表现的因素。评估对象包括学前教育、初等教育二年级、初等教育五年级、初等教育九年级和中等教育三年级的学生。如表 2.1 所示，除了学前教育儿童免除笔试外，其他年级学生均须参加技能测试，而其中考查的重点能力均包括葡萄牙语。也就是说，学生学习表现好坏与葡萄牙语的掌握程度是直接挂钩的。

表 2.1　基础教育评估体系

年级	技能测试内容	调查问卷对象	评估方法
学前教育		市教育局局长 校长 教师及助教	采样
初等教育二年级	葡萄牙语、数学		采样
初等教育五年级	葡萄牙语、数学	市教育局局长 校长 教师 学生	公立学校：普查 私立学校：采样
初等教育九年级	葡萄牙语、数学	市教育局局长 校长 教师 学生	公立学校：普查 私立学校：采样
	自然科学、人文科学		采样
中等教育三年级	葡萄牙语、数学	市教育局局长 校长 教师 学生	公立学校：普查 私立学校：采样

国家中等教育水平测试用于考查巴西中学毕业生的学习表现，相当于我国的高考。该考试由写作和客观题测试两部分组成，分两天完成。在写作部分，学生需要根据试题要求撰写一篇文章。评分环节由至少两名毕业于文学或语言学专业的考官完成，主要考查五类能力（见表 2.2）。

表 2.2 国家中等教育水平测试写作能力考查

能力水平	考查内容
能力 1	对葡萄牙语书面正式表达的掌握
能力 2	在符合议论文文本要求的情况下，理解写作要求并运用各个领域的知识围绕主题展开写作
能力 3	对信息、事实、意见和论点进行筛选、联系、组织和分析，以表达自身观点
能力 4	掌握构建论证所需的语言能力
能力 5	在尊重人权的前提下，针对所涉及的问题提出解决方案

测试部分共设 180 道客观多选题，题目分为四个知识领域，分别为语言、符号及其技术，人文科学及其技术，自然科学及其技术，数学及其技术。其中，语言、符号及其技术考查内容包括葡萄牙语、外语、文学、体育、信息通信技术和艺术，评估考生对于语言规范、文本体裁、文本解读、语言符号分析、文化知识等内容的掌握程度。巴西国家中等教育水平测试考查的具体知识领域和相应测试内容如表 2.3 所示。

表 2.3 国家中等教育水平测试考查的知识领域和测试内容

知识领域	测试内容
语言、符号及其技术	该知识领域考查内容包括葡萄牙语、外语、文学、体育、信息通信技术和艺术，虽然涉及的科目繁多，但它们都具有一个共同的特点，那就是均为人与人沟通过程中必不可少的要素。该领域从社会行动、个人生活、公共生活、学习研究实践、新闻媒体、艺术文学等不同场景出发，评估考生对于语言规范、文本体裁、文本解读、语言符号分析、文化知识等内容的掌握程度。就外语而言，考生在考试报名时可选择英语或西班牙语。
人文科学及其技术	该知识领域考查内容包括历史、地理、社会学、哲学四门学科，考生不仅需要展现出对于静态史实的了解，还需要理解当今世界的发展以及过去和现在之间的关联。该领域问题涉及文化多样性、政治冲突、经济挑战、社会运动等议题，以考查学生作为社会公民对自己与他人和周边环境之间关系的理解，以及在日新月异的变革中是否具有应对能力。
自然科学及其技术	该知识领域考查内容包括物理、化学和生物学三门学科，该领域并非强迫考生机械化地背诵各种公式，而是考查考生是否掌握自然科学的研究范式，具备灵活应用所学知识在不同环境和情景中解决问题的能力，如应对全球气候变暖等全人类共同的挑战。

（续下表）

（接上表）

知识领域	测试内容
数学及其技术	该知识领域考查内容包括平面几何、空间几何、统计概率、代数等与数学相关的内容。但值得注意的是，该领域并非侧重于评估学生的计算能力，而是注重考查学生的计算思维和解决日常问题的逻辑推理能力，即是否能够在不同的社会环境和工作场景中利用数学概念和知识来分析并解决问题。

全国学生表现测试（Exame Nacional de Desempenho dos Estudantes）用于评估本科毕业生的学习表现，共由40道题组成，考查内容分为专业领域和通识领域。专业领域与学生所学的专业学科相关，测试内容从基础的入门知识逐步过渡到专业知识；通识领域是所有参与评估的课程需要统一回答的部分，与学生所学习的专业内容无直接关联，而是侧重当下国家政治经济、社会关系、民族文化等方面的内容，重点考查学生对自己国家和国际格局的了解。专业领域共计30道题，分别为27道多选题和3道写作题；通识领域共计10道题，分别为8道多选题和2道写作题。专业领域和通识领域分别占总分值的75%和25%，学生需要在4个小时内完成考试。在全国学生表现测试中，试题以葡萄牙语形式呈现，学生同样需要使用该语言作答。

综上所述，不论是基础教育评估体系、国家中等教育水平测试，还是全国学生表现测试，若想在巴西教育评估当中取得好成绩，对葡萄牙语技能的掌握可以说是必不可少的。这也间接地巩固了葡萄牙语在教育体系里的地位，影响了学习者对语言的选择。

2.3 巴西国家语言生活研究与交流

在文秋芳（2019：62）提出的国家语言能力新理论框架中，"国家语言生活研究与交流"是体现国家语言治理能力水平的第三个维度，其解释为"政府语言治理机构是否能组织对社会语言生活进行系统研究，并开展国内外交流"。下文将分别就巴西的"语言生活研究"和"科研成果交流"展开论述。

2.3.1 语言生活研究

在语言生活研究方面，巴西政府并未建立专门的科研领导机构，而是主要以"资助者"的身份参与其中，即通过政策支持或资金鼓励，引导并推动国内相关领域的学术机构或非政府组织对国家语言生活展开研究。其中，较具代表性的机构包括语言政策研究与发展研究所、巴西文学院、国家历史和艺术遗产研究所、巴西应用语言学协会，其职能与工作内容已在2.1.2小节"语言治理学术机构"中详述。

2.3.2 科研成果交流

在政府和学术研究机构的共同推动下，巴西组织召开了多次全国或国际级别的学术会议，旨在促进国内外相关学术成果的交流，为国家语言能力建设与语言政策制定提供智力支持。其中，较具代表性的活动分述如下。2022年2月16日至18日期间，巴西举办第二届"国际葡萄牙语与西班牙语大会"（Conferência Internacional das Línguas Portuguesa e Espanhola）。大会以"语言、文化、科学与创新"为主题，目的在于在教育、科学和文化领域推广与强化葡萄牙语和西班牙语的双语模式的传播。2023年4月24日至27日，巴西圣卡塔琳娜联邦大学牵头举办第一届"教育语言政策研讨会"（Encontro de Políticas Linguísticas Educacionais）。该研讨会以线上方式举办，设置主旨发言和四场圆桌会议，讨论主题包括"莫桑比克、东帝汶和巴西的多语言教育""跨学科视角下的教育语言""巴西与中国对话：语言、教学和文化""原住民教育政策与语言传承"等，汇集了来自巴西、中国、葡萄牙等国家的学者。此外，巴西圣卡塔琳娜联邦大学分别于2016年、2018年和2023年举办第一、二、三届"批判语言政策研讨会"（Seminário de Políticas Linguísticas Críticas），旨在以研讨会为平台，促进不同领域学者之间的跨学科对话，从批判的角度共同反思与审视语言政策中存在的殖民主义、全球化、资本主义、性别和种族问题以及它们之间的关系。

2.4　小结

在完整性层面，不同机构在巴西的语言治理中发挥着不同的作用：国会是语言立法的发动者与制定者，任何与语言相关的法案均须提交至国会，经其研究投票后或被驳回，或通过后正式生效，因此，国会可看作是掌控国内语言政策风向的舵手。政府作为语言政策的实施者与推动者，一方面负责草拟语言事务相关的法案后提交至国会审批，另一方面通过外交部和教育部制定教育与文化传播政策，推动巴西葡萄牙语及文化在巴西国内外的传播，展现出从国内和海外两个层面处理语言事务的能力。司法机构作为语言政策的监督者，对国内语言政策的实施起到监督的作用，在必要时通过裁决扮演拨乱反正的角色。在立法权、行政权和司法权三权鼎立的基础上，巴西构建了从语言立法到语言政策落实，再到语言政策监督的完整链条，因此能够针对国内语言生态进行顶层规划（例如，将葡萄牙语设立为官方语言、保障原住民语言使用者的语言权利等举措），协调和平衡国内多种语言之间的关系，保证国内语言生态的多样性，并促进巴西葡萄牙语在海外的传播，提高自身文化影响力。

在协调度和执行力层面，巴西国会、联邦政府和法院体系之间各司其职，在处理语言事务时互相联系配合，对不同语言做出了地位规划和习得规划，呈现出一定的协调度，也取得了一定的成果。但需要注意的是，巴西并未设立专门机构来负责语言事务，且不同单位之间的配合有限，这也导致在正式执行语言政策时会出现工作重叠的情况，导致人力和物力上的浪费，削弱国家语言治理的执行力度和效率，这也是巴西政府未来需要完善的地方。

整体而言，巴西官方层面形成了一个较为完善的语言治理链条，在过去多年的发展中也取得了一定的成果，但巴西语言立法与国内语言现实和需求相比呈现出一定的滞后性，政府对于语言议题的重视仍有待加强。在这一背景下，包括大学、协会等机构在内的非政府组织成为巴西语言研究的重要主体，这些机构对国内语言生活和语言政策落实情况进行跟踪，并通过分析提出建议，为巴西语言政策的制定建言献策。与此同时，学界的呼声也给政府带来了一定压力，成为推动国内语言政策向前迈进的动力。

第三章
巴西国家语言核心能力建设

文秋芳（2019：61）认为，在国家语言能力中，国家语言核心能力处于优先发展位置，具有基础性和先导性，是国家政治安全、领土完整、社会和谐、经济发展、文化繁荣、信息安全等的"压舱石"，也是国家战略能力发展的前提。

国家语言核心能力涉及四个维度，即国家通用语普及、国家通用语规范使用、国家语言智能化与国家语言和谐生活建设，分别对应政府能否依法依规有效普及国家通用语、政府对通用语的使用是否采取了系列规范措施、政府能否有效运用智能化技术输入和处理不同语言以及政府能否恰当处理国内各类语言与各类语言媒介间的关系。衡量这四个维度的评价指标包括政策力、实践力和绩效力。政策力是指政府对通用语的普及是否制定了比较完善的政策、法规；实践力是指政府对普及国家通用语采取的措施是否具有广度和深度；绩效力是指普及通用语所取得的成效如何。

以文秋芳提出的国家语言核心能力四维度和衡量指标为参考，本章将通过梳理巴西国家通用语普及、巴西国家通用语规范使用、巴西国家语言智能化与巴西国家语言和谐生活建设四部分内容，论述当代巴西国家语言核心能力建设。

3.1 巴西国家通用语普及

通用语言文字是民族共同文化传承的载体，是国家繁荣发展的根基，也是多种语言搭建交流桥梁和促进国家团结统一的基础。如果说一个国家的形成和发展是一部充满互动和融合的历史，那么在这一过程中，通用的语言文字发挥了重要作用，推广普及国家通用语言文字，是巩固独立国家身份，促进国民认同和社会共同记忆生成的重要路径。

巴西是南美洲的"民族大熔炉"。在多民族共存的社会现实下，巴西政府将葡萄牙语确立为国家的官方语言，以响应国家文明进步的要求，也为不同族裔共存提供了文化认同、情感沟通和信息交流的钥匙，有助于促进国家发展与民族地区繁荣富裕。通用语的普及主要针对本国主体民族、巴西境内的语言少数群体和在巴西定居的外国移民。

3.1.1 以教育体系为依托的国家通用语普及

1988年《巴西联邦共和国宪法》、1996年《第14号宪法修正案》（Emenda Constitucional Nº 14）和1996年《国家教育指导方针与基本法》是规范巴西现行教育制度的主要法律。目前，巴西正规教育系统包括基础教育和高等教育两个层次。其中，基础教育由学前教育、初等教育和中等教育三个阶段组成。

学前教育是基础教育的第一阶段，主要由托儿所和学前班两类机构提供，前者面向群体为3岁以下儿童，后者面向群体为4—5岁儿童。初等教育学制9年，属于义务教育，面向6—14岁儿童及青少年。中等教育是基础教育的最后阶段，一般学制为3年，作为初等教育和高等教育之间的过渡阶段，旨在加强学生的知识构建，为学生的升学或就业做准备。中等教育设置不同课程方向，学生既可选择为接受高等教育做准备的普通课程，也可选择以就业为导向的职业课程。完成中等教育或具有同等学力，并通过相应考核的学生均可报名申请接受高等教育。高等教育分为本科教育和研究生教育两个阶段，其中本科教育阶段通常持续4年，研究生教育进一步细分为硕士研究生教育和博士研究生教育两个阶段。除正规教育外，巴西教育体系还包括继续教育、短期培训进修课程等非正规教育形式（见表 3.1）。

表 3.1 巴西教育体系

教育类型	教育阶段	教育层次	教育类型									
正规教育	基础教育	学前教育	分为托儿所（0—3岁儿童）和学前班（4—5岁儿童），学前教育免费，主管单位为各市教育局									
^	^	初等教育	年龄	6	7	8	9	10	11	12	13	14
^	^	^	年级	1	2	3	4	5	6	7	8	9
^	^	^	青年及成人教育：学生最低年龄为 15 岁									
^	^	^	特殊教育									
^	^	中等教育	中学教育：主管单位为各州教育厅，分为普通课程和职业课程两个方向									
^	^	^	职业技术教育									
^	^	^	原住民教育									
^	^	^	农村教育									
^	^	^	青年及成人教育：学生最低年龄为 18 岁									
^	高等教育		高等教育由联邦政府直接负责，在满足条件的前提下，各州和市同样可以开设高等教育机构；联邦政府可授权和监督私立高等院校办学									
^	^	本科教育										
^	^	研究生教育										
非正规教育	继续教育、短期培训进修课程等												

根据现行法律，各市应优先发展初等教育和学前教育，各州和联邦区应优先发展初等教育和中等教育。联邦政府则在教育事务中发挥再分配和补充作用，负责向各州、联邦区和各市提供技术和财政援助。高等教育系

统由联邦政府直接负责。

教育体系作为普及国家通用语的重要阵地，各个教育层次和教育类型的课程有效提升了国内识字率，也为葡萄牙语在国民中的传播提供了条件。下面将从学前教育、初等教育、中等教育、高等教育、继续教育和外部评估机制等六个方面，对教育体系中巴西国家通用语的普及进行详述。

3.1.1.1 学前教育

《巴西联邦共和国宪法》第 227 条规定："家庭、社会和政府有责任确保儿童、青少年和青年在生命、健康、营养、教育、休闲、专业培训、文化、尊严、尊重、自由、家庭与社会和谐等方面绝对优先的权利。此外，要保障他们免受一切形式的忽视、歧视、剥削、暴力、虐待和压迫。"这一条款不仅界定了儿童获得供给、受到保护以及得到尊重的基本人权，还明确了其参与社会文化生活和拥有个人表达自由的基本权利，为学前教育提供了根本指导。以此为基础，《国家教育指导方针与基本法》第 29 条规定，学前教育为巴西基础教育的第一个阶段，教育目标在于使 5 岁以下儿童在生理、心理、智力和社会化方面得到全面发展，强调了在这一阶段加强其体验和参与社会文化的必要性。语言作为一种交互机制，是儿童获得认知和情感学习的基础，也是其社会化的媒介，《国家学前教育课程大纲参考》(Referencial Curricular Nacional para a Educação Infantil) 便强调了语言的这一社会化作用："在丰富交流和表达可能性的同时，语言是一种强大的社会化工具。通过社交互动，儿童以语言为媒介，与他人共享意义并被他人赋予意义。每种语言在其结构上都承载着看待自身和理解世界的方式，这与其背后的文化特点与独特的社会群体紧密相连。孩子在学习母语的过程中与这些内容和概念发生接触，从而建立社会归属感。"(MEC 1998：24)

同样地，《国家学前教育课程大纲指导方针》(Diretrizes Curriculares Nacionais para a Educação Infantil) 第 8 条第 1 款第 2 项规定，学前教育机构须保证儿童在表达、情感、认知、语言、伦理、审美和社会文化等方面得到全面发展（MEC 2010）。其中，语言是儿童得以发展上述维度的基础，孩子们通过语言学习交流和表达自己，与他人和其所处的社会建立联系，因此，语言不仅是儿童获取、构建和输出知识的载体，也是融入社会和集体的重要技能（Brito et al. 2020）。这为语言教育在学前教育中赋予了重要的核心地位。

《国家扫盲政策》（Política Nacional de Alfabetização，简称 PNA）是教育部制定的一项计划，由政府扫盲秘书处负责，于 2019 年实施，该计划确定了针对市立、州立和国立学校的学前教育和初等教育与儿童扫盲进程有关的指导方针。该政策旨在以教授词素和音素之间的关系为核心，实施一种基于阅读认知科学研究的扫盲方法，从学前教育开始扫盲，让儿童在小学三年级之前具备识字能力，进而提高巴西的整体教育质量，推动葡萄牙语普及。该计划具体内容包括：开发相应平台，提供在线教学资源，鼓励和指导家长更多地参与子女的学习过程。

3.1.1.2 初等教育

《巴西联邦共和国宪法》第 210 条第 2 款规定："葡萄牙语应为普通初等教育的官方语言，但应同时保障原住民社区可以使用自己的母语和学习方式进行教育。"以此为指导，《国家教育指导方针与基本法》在允许原住民社区学生在学习过程中使用自己的母语的同时，规定葡萄牙语作为初等教育阶段的授课语言，确立了其作为主要授课语言的地位。此外，葡萄牙语被视为一个具有不同形式和含义的语言系统，肩负着沟通、理解、表达和推动社会进步的功能（MEC 1997），掌握葡萄牙语是公民行使权利、履行公民义务需具备的基本能力，被《国家课程大纲标准》列为必修课。该文件还规定在初等教育一至二年级，教学活动应侧重培养学生的识字技能。因此，葡萄牙语具有授课语言和必修科目的双重地位，葡萄牙语的普及成为初等教育教学的重点内容。

在上述文件的基础上，2010 年国家教育委员会第 7 号决议做出进一步规定：在初等教育阶段，一至三年级的学习应确保儿童具备识字能力和发展各种表达能力，具体学习内容包括葡萄牙语、文学、音乐、艺术、体育、数学、科学、历史和地理，要求学生在三年级结束前掌握葡萄牙语。受多方面因素的影响，这一要求的落实并不令人满意。巴西国家地理统计局组织的全国住户长期采样调查数据显示，在 2021 年，巴西 40.8% 的六至七岁儿童不具备读写能力。为进一步提高识字率，《国家教育计划》推出系列改革目标，其中，"目标 5"便响应国家教育委员会第 7 号决议的规定，要求"在初等教育三年级前使所有儿童具备识字能力"，具体包括学习读写、提升写作能力及课文理解能力等。

为实现"目标 5"，《国家扫盲政策》制定了多项相关战略，以保障学生在三年级结束前具备识字能力。其中，"战略 5.1"内容为与学前教育相应战略相结合，对识字教师进行专门的资格认证，并为其提供教学支持；"战略 5.2"要求国家教育系统和学校建立相应的评估和监测工具，以评估儿童识字的效果；"战略 5.3"和"战略 5.4"则建议促进教学方法的多样性发展和教学实践的创新。此外，联邦政府出台"提高识字水平"（Mais Alfabetização）项目，该项目由教育部负责，以派遣志愿者的方式协助教师开展识字工作，从而提高学生在阅读、写作和数学方面的能力。教育部还利用互联网这一具有强大传播能力的媒介来普及葡萄牙语，研发识字软件 GRAPHOGAME，以此减少新冠肺炎疫情期间学校关闭对儿童学习产生的负面影响。

3.1.1.3 中等教育

巴西中等教育是初等教育和高等教育之间的衔接阶段，目的在于帮助学生巩固先前获取的知识，让学生对人生和职业规划产生意识，帮助其进入高等教育机构深造或进入劳动力市场。"基础教育学校普查"（Censo Escolar da Educação Básica）数据显示，2021 年，巴西中等教育招生人数为 780 万，同比增长 2.9%（INEP 2022）。

《2020 年巴西基础教育年度报告》（*Anuário Brasileiro da Educação Básica 2020*）显示，在 2020 年，仅 65.1% 的学生能够在 19 岁前顺利完

成中等教育课程，巴西中等教育面临学生学习表现不佳、辍学率、不及格率和留级率较高的困境（Todos Pela Educação 2020）。在这一背景下，巴西政府对中等教育进行改革，调整课程结构和授课时长，旨在贴合当代学生对教育的需求和期望，提高其学习表现和竞争力。

为赋予学生更多的能动性和自主权，巴西政府对先前《国家课程大纲标准》所设定的四个课程方向内容进行调整，并增设职业技术培养选项。改革后，巴西中等教育课程方向设置情况见表3.2。

表3.2 巴西中等教育课程方向和内容

课程方向	内容
语言及其技术	学生通过学习葡萄牙语、艺术、体育和英语科目，加强对社会的认知。其中，葡萄牙语作为重点学科，围绕社会行动、个人生活、公共生活、学习与研究实践、新闻媒体、艺术文学等六大情景，对阅读、听力、写作、语言符号分析等语言能力要素进行教学，重点培养学生运用美学、伦理学和政治学对葡萄牙语进行批判性分析、综合、理解、鉴赏和反驳的能力。
数学及其技术	学生通过学习数学及其应用、平面几何、三角学、立体几何、统计和概率以及数学逻辑与技术创新等，培养计算思维，从而能够在不同的社会环境和工作场景中利用数学概念和知识来分析并解决问题。
应用人文与社会科学	学生通过学习历史、地理、社会学、哲学等四门学科内容，深入了解"人类、文化和知识""自然、工作和技术""人权、政治、公民身份"三大跨学科主题，并通过应用人文与社会科学的知识促进智力与情感发展，更好地把握自己与他人及世界的关系。
自然科学及其技术	学生通过学习生物、物理和化学等科目来接触自然科学及相应技术，课程安排旨在加深学生对物质与能量、生命与进化、地球与宇宙等主题的认识，学生不仅要学习科学知识，还要掌握自然科学的研究范式。该课程方向提出了定义问题、分析问题、同伴沟通、解决问题的四步骤。
职业技术培养	旨在通过技术和专业培训，将智力维度纳入生产性工作，培养能够自主行动的工人。

虽然巴西中等教育课程设置了不同方向，但作为必修科目的葡萄牙语是每个方向的学生都需要修读的课程，其重要性和作用也在多个文件中被予以肯定。例如，《国家中等教育课程大纲指导方针》（Diretrizes Curriculares Nacionais para o Ensino Médio）将使用葡萄牙语、外语和其他

现代语言作为交流工具的能力视作构建知识体系和行使公民权的基础，是学校教育的核心内容，并规定在不影响不同方向知识、研究和实践的整合及衔接的情况下，教学内容必须包括葡萄牙语，并保证原住民社区学生可以使用自己的语言进行学习。此外，2017年第13415号法律第35条将葡萄牙语和数学列为中等教育所有方向的必修科目。中等教育改革将总学时从2,400小时增加到3,000小时。其中，至少1,200小时分配给课程方向的选修课程，以便学生根据自己的兴趣和需求选课；最多1,800个小时分配给包括葡萄牙语在内的基础课程，超过总课时量的一半。

3.1.1.4 高等教育

巴西"高等教育普查"（Censo da Educação Superior）数据显示，截至2021年，巴西共有2,574家高等教育机构，其中数量最多的为专业院校，共1,979家，占总数的76.9%；大学中心数量位列第二，共350所，占总数的13.6%；综合大学共204所，占总数的7.9%。同年，高等教育入学人数达到3,944,897人，其中87.5%的学生就读于私立院校，12.5%的学生就读于公立院校，当年毕业人数为1,327,188人。整体而言，巴西高等教育入学人数规模在近几年呈上升趋势，2021年人数较2020年增长4.8%（INEP 2023）。

巴西高校以葡萄牙语为主要授课语言，一定程度上巩固了葡萄牙语在教育体系中的通用语地位，但较少直接涉及葡萄牙语的普及。随着国际化成为高校优化自身教学质量、提高国际声誉和拓展国际市场的重要路径，在这一进程中出现了非正式的语言政策。例如，"科学无国界"（Ciência sem Fronteiras）和"语言无国界"（Idiomas sem Fronteiras）项目促进了葡萄牙语在国际学术舞台上的推广。[1]

---

[1] "科学无国界"项目于2011年由巴西教育部与科学、技术和创新部共同发起，旨在通过推动国际交流，促进巴西高等教育国际化和鼓励科技创新，提升巴西高校在全球高等教育市场中的竞争力，并间接地扩大葡萄牙语在学术界的影响力。"语言无国界"项目于2012年由巴西教育部发起，该项目通过线上语言课程的形式，一方面提高巴西高校接待国外留学生的外语能力，另一方面为外国留学生赋能，提升其葡萄牙语水平。

3.1.1.5 继续教育

除正规教育体系外，继续教育是在成年人群体中普及巴西通用语的重要阵地。联邦政府层面出台《巴西扫盲项目》、《学习时间到》(Tempo de Aprender)等具有针对性的计划，面向青年和成年人开放包括葡萄牙语在内的课程，推进国内扫盲的进程。以《巴西扫盲项目》为例，该计划始于2003年，目的在于推动国内整体识字率的提升。2022年，巴西政府推出新的扫盲计划，针对15岁以上的青年或成年人群体，最终目的在于通过人员赋能整体提高巴西的经济竞争力和社会发展水平。

在地方层面，不同州和市也推出自己的扫盲计划，推动通用语普及。例如，皮奥伊市在《教育促进项目》(PRO Piaú Educação)的框架下，发起《青年、成人和老年扫盲项目》(Programa de Alfabetização de Jovens, Adultos e Idosos)，旨在在2021—2022年为当地20万名青年和成年人教授扫盲课程。该计划吸纳多元主体参与，合作伙伴包括州教育厅、民间和社会组织、市政当局和其他单位，共同实施具有针对性的青年和成年人扫盲教育政策。

随着科学技术的发展，巴西国家通用语的学习渠道呈现多元化趋势，广播、电视、手机、电脑等设备成为民众随时随地学习语言的重要媒介，并随之出现了各种专门为扫盲服务的教学资源和应用软件，为学习者提供了极大的便利。圣保罗大学的数学与计算机科学研究所开发了一款名为ABC的手机应用程序，通过线上方式为民众免费提供识字教育，旨在减少绝对文盲和功能性文盲。该应用程序既可以被教师用作教学资源，也可以由学习者单独使用。

3.1.1.6 外部评估机制

在20世纪80年代之前，教学和学习产出的评估主要由教学单位自行负责。自90年代起，巴西政府开始建立以基础教育评估体系和国家中等教育水平测试为代表的外部评估机制。在这些评估体系中，葡萄牙语成为考查的核心内容。这些举措加强了学校对葡萄牙语的重视，并在一定程度上提高了葡萄牙语在教育体系中的地位。

1）基础教育评估体系

巴西的基础教育评估体系始于 1990 年，是由巴西阿尼西奥·特谢拉国家教育研究院主导的一套全国范围的外部评估机制，由全国教育评估（Avaliação Nacional da Educação Básica）、全国学校成绩评估（Avaliação Nacional do Rendimento Escolar）和全国识字评估（Avaliação Nacional de Alfabetização）三个子系统组成。它通过两年一次的测试和问卷调查来分析和解读被评估学生所表现出的学习水平，从而对巴西基础教育的教育质量、发展趋势以及可能影响学生表现的因素进行评估。在基础教育评估体系中，与葡萄牙语关联较为紧密的是全国教育评估和全国识字评估。

全国教育评估以 1999 年颁布的《国家中等教育课程大纲标准》（Parâmetros Curriculares Nacionais para o Ensino Médio，简称 PCNEM）为指导，下设葡萄牙语测试，围绕语言的社会功能展开评估，考查学生是否具备在社会中生活和不同场合中交流的能力。葡萄牙语测试的内容以阅读为重点，要求学生能够理解、分析和解读不同体裁的文本，并以此为基础进行知识体系的构建。该测试共设置八个评价等级，其中最基础的是等级1，要求学生能够识别漫画中的叙事元素，掌握文章中的图表、图像所代表的含义并理解故事中的逻辑关系；等级 8 是最高等级，要求学生能够识别文本或歌词中形态句法的运用所产生的意义和效果。

全国识字评估用于评估学生的识字水平和葡萄牙语读写能力、数学读写能力，评估对象是在公立学校就读的三年级学生。2016 年，全国识字评估范围涵盖了来自 5 万所学校、10 万个班级的 250 万名小学三年级学生，结果显示，其中 54.73% 的学生在阅读能力考试中表现不佳。[1] 鉴于这一情况，联邦政府承诺优先发展以扫盲为重点的学前教育与初等教育，并为此在 2019 年成立专门的扫盲秘书处，召集相关部门代表围绕扫盲政策

1　MEC. 2017. Avaliação de Alfabetização Divulgará Resultados em Maio. http://portal.mec.gov.br/ultimas-noticias/211-218175739/47851-avaliacao-de-alfabetizacao-divulgara-resultados-em-maio (accessd 12/08/2023).

展开讨论，将讨论成果集结汇总后，在同年出台《国家扫盲政策》。

2018年，巴西政府再次对全国基础教育评估体系进行改革，推出新的评估体系。此次改革将原有的全国教育评估、全国学校成绩评估和全国识字评估融合为一个综合体系。改革后的评估系统继续涵盖了包括小学二年级学生在内的识字水平考查。此外，无论是公立学校还是私立学校，都必须接受全国基础教育评估，该系统的影响力由此得到了进一步的提升。在此之前，该评估系统仅对于公立学校是强制性的，私立学校则可自行选择是否参加。

2）国家中等教育水平测试

国家中等教育水平测试启动于1998年，目的是评估学生在完成基础教育时的学习表现。1998—2008年，该测试每年举办一次，考查内容包括一篇论文和63个问题，涵盖四个知识领域，分别为语言、自然科学、人文科学和数学。一方面，测试语言为葡萄牙语；另一方面，测试范围涵盖对葡萄牙语使用规范的掌握，具体内容包括学生对文学文本、话语体裁、表达技巧、语言变体等知识的运用。

2009年，巴西政府对国家中等教育水平测试进行改革，将其用作高等教育的选拔机制和申请奖学金的重要参考指标。新的测试保留了原有的四个知识领域，将客观题数量提高至180道，并要求学生根据相应的问题使用葡萄牙语撰写议论文。其影响力也越来越广泛，成为学生接受高等教育的重要途径，故被视作巴西的"高考"，成为评估基础教育教学质量和学生学习成果的重要机制。此外，凭借该测试的成绩，学生还可以申请政府项目的奖学金资助，例如"学生资助基金"（Fundo de Financiamento Estudantil，简称Fies）和"全民大学项目"（Programa Universidade para Todos，简称Prouni）。在海外，巴西国家中等教育水平测试的认可度也不断提升，测试成绩被50多所葡萄牙高等教育机构承认。在这一背景下，葡萄牙语作为测试语言和重要考查内容，受到学校和学生的高度重视。

3.1.2 大众媒体与葡萄牙语普及

1950 年，阿西斯·夏多布里昂（Assis Chateaubriand）创办图皮电视台（TV Tupi），正式将电视媒体引入巴西，使巴西成为拉丁美洲地区最早拥有电视台的国家之一。在此之前，只有英国、美国、法国等发达国家拥有自己的电视行业；而广播是巴西最受欢迎的媒体，其覆盖范围广泛，节目主要侧重于文化和教育内容。与广播不同的是，电视的商业性质更为明显，其运营的主要目的之一是通过提供日常新闻和娱乐内容，促进商品和服务的消费（Conceição 2017）。

1964 年，巴西军政府上台。在军政府执政期间，电视媒体得到了政府方面的大力支持，传播范围不断拓展。一方面，出于民族融合的目的，政府大力推动这一新兴产业的发展与技术完善；另一方面，埃米利奥·梅迪奇（Emílio Médici）[1]执政期间迎来巴西"经济奇迹"（Milagre Econômico），国家经济水平得到极大提升，这也提高了人们购买电视的能力与需求。据统计，1964 年，巴西登记的电视机数量约为 200 万台。在政府激励政策的推动下，这一数字开始迅速增长：1969 年电视机数量已达 400 万台，一年后达到 500 万台（Jambeiro 2002：81）。截至 1980 年，巴西已有 118 家电视台和 1,830 万台电视机，服务于 2,640 万居民的 55%，电视成为在巴西影响力最为广泛的媒介。[2]

1960 年，巴西 15 岁以上国民文盲率高达 39.7%，[3]大多数人口仅接受过初等教育（INEP 2003）。这种劳动力素质的不足，对国家工业化的推进构成了严峻的挑战。在这一背景下，电视作为一种重要的大众传媒工具，其教育功能显得尤为突出，它成为扫除文盲和促进国家发展的重要媒介（Jambeiro 2002：120）。在国际方面，以联合国教科文组织为代表的国际

---

1 埃米利奥·梅迪奇（1905—1985），巴西军事领导人和政治家，于 1969 年至 1974 年期间担任巴西总统，是巴西军事制度时期的第三位总统。

2 Tudo sobre TV. Televisão. http://www.tudosobretv.com.br (accessd 22/08/2023).

3 INEP. mapa_do_analfabetismo_do_brasil. https://www.gov.br/inep/pt-br/imagens/acervo-linha-editorial/mapa_do_analfabetismo_do_brasil.jpg/view (accessd 22/08/2023).

社会施加压力，要求发展中国家在其教育项目中使用电视这一媒介来实现功能性扫盲。在国内外双重因素的推动下，电视媒体成为巴西推进扫盲工作的重要工具。

20世纪60年代，军政府重视电视教育，通过教育部和国家电信委员会（Conselho Nacional de Telecomunicações）发布一系列措施，并成立了巴西教育电视中心筹备委员会（Comissão para a Criação do Centro Brasileiro de TV Educativa），旨在鼓励创办具有教育性质的电视台。在军政府的支持下，巴西电视教育走向了初期发展阶段。

1967年，巴西电视教育基金会（Fundação Centro Brasileiro de Televisão Educativa，简称FCBTVE）成立，通过电视节目对观众进行远程教育，目的在于让更多的民众具备识字能力，这一举措成为将教育理念融入电视行业的先驱。自成立以来，巴西电视教育基金会制作了一系列课程、培训、研讨会和科研类节目，并在多个商业电视台播出。1973年，巴西电视教育基金会首次推出了一档电视剧节目——《若昂·达席尔瓦》（*João da Silva*），该节目在里约电视台第13频道播出，由著名演员尼尔森·夏维尔（Nelson Xavier）担任主演。通过将教育元素巧妙融入引人入胜的剧情，这部电视剧以一种娱乐化的形式实现了成人教育的目的，并成功落实了当时的前沿教育理念，从而成为巴西电视教育领域的一个创新先锋。

这一时期，巴西联邦和各州也开始成立专门的教育类电视台。《巴西日报》（*Jornal do Brasil*）1981年3月20日公布的数据显示，截至当年年初，巴西共有九家公立教育类电视台。其中三家为联邦电视台，分别是伯南布哥大学电视台（TV Universitária de Pernambuco）、北大河大学电视台（TV Universitária do Rio Grande do Norte）和里约热内卢教育电视台（TV Educativa do Rio de Janeiro）；六家为州立电视台，分别是马拉尼昂教育电视台（TV Educativa do Maranhão）、亚马孙教育电视台（TV Educativa do Amazonas）、塞阿拉教育电视台（TV Educativa do Ceará）、圣埃斯皮里图教育电视台（TV Educativa do Espírito Santo）、圣保罗文化电视台（TV

Cultura de São Paulo）和南大河教育电视台（TV Educativa do Rio Grande do Sul）。[1]

一言以蔽之，该时期教育政策的侧重群体为受教育水平较低和低收入的人群，而电视作为远程教育的重要媒介，是大众扫盲政策的重要组成部分。在这一过程中，大量工人以电视为媒介接受了一定程度的教育并获得了识字能力，巴西劳动力市场的整体质量得到进一步提升，为国家工业化发展和经济进步提供了人才支撑。

进入 21 世纪以来，巴西电视行业蓬勃发展，以环球电视台为代表的大规模私立电视台主要有八家，信号覆盖全国总面积的 99.8%。由政府管理的公共电视频道共两个，分别为国家电视台和教育电视台。随着电视传媒的发展和受众规模的扩大，一系列促进国民识字水平提升的电视节目不断涌现，例如《电视上的阿尔法与贝托》（Alfa e Beto na TV）、《萨尔瓦多文字之城》（Salvador Cidade das Letras）等全国性或地方性扫盲节目成为巴西扫盲工作的有力媒介。《电视上的阿尔法与贝托》由阿尔法与贝托研究所（Instituto Alfa e Beto）和教育生活网络（Rede Vida Educação）联合推出，受众包括即将从学前班进入小学的学生，小学一、二年级学生和各年级未具备识字能力的学生，节目内容主要围绕葡萄牙语识字和数学教学展开，旨在通过电视授课降低停课对学生的影响，确保处于学习识字阶段的儿童能够顺利进行识字学习。自 2020 年 10 月 26 日播出首集以来，该节目便广受社会各界的好评。

除了葡萄牙语的普及外，电视媒体对所谓的标准巴西葡萄牙语的推广起到了重要作用。正如 Fischer（1999：174）所指出，第二次世界大战后，电视的普及削减了方言的多样化。以美式英语为例，在观看未配音的美式英语节目后，英语国家观众使用美式英语的频率迅速上升。这一现象同样发生在巴西。巴西最具影响力的多媒体公司环球电视台，通过辐射全国的电视节目加强了葡萄牙语的主导地位，在创建和维护语言标准方面起到了

---

[1] 资料来源：*Jornal do Brasil*. 1981. Página 17. Rio de Janeiro: *Jornal do Brasil*。

显著作用。虽然巴西官方并没有明确定义何谓标准巴西葡萄牙语，但在实践中，民众倾向于将其与电视新闻节目所采用的语言变体联系起来，尤其是环球电视台《国家新闻》栏目所使用的语言。在这个节目中，主持人所使用的葡萄牙语结合了里约热内卢和圣保罗这两个巴西最重要城市的方言特征，再经过传播后，逐渐成为所谓的标准巴西葡萄牙语，在建立语言标准的同时，也抑制了巴西方言的多元发展（Massini-Cagliari 2004）。换言之，所谓的标准巴西葡萄牙语并不是一种自然语言，而是一种人为变体，其推广在很大程度上源于电视新闻网络强大的传播能力，以较为简单原始的方式在巴西这样一个庞大的多语言、多方言国家内处理语言问题。

3.2　巴西国家通用语规范使用

随着殖民者的到来，葡萄牙语穿越大洋进入巴西，它不仅吸纳了来自包括古图皮语在内的原住民语言的元素，还受到非洲语言、法语、西班牙语、意大利语、德语和英语的影响。这些交融与互动逐步发展出了区别于欧洲葡萄牙语的语音、词汇和语法结构，形成了巴西葡萄牙语。巴西人口超过两亿，巴西葡萄牙语成为世界上使用群体规模最为庞大的葡萄牙语变体，其使用者数量远超欧洲葡萄牙语。事实上，早在20世纪初，巴西国内就对巴西葡萄牙语展开讨论，并开始编写区别于欧洲葡萄牙语的语法体系和词典，对书写规范和词义进行统一，树立了巴西葡萄牙语的独特身份与自我认同。

3.2.1　巴西葡萄牙语语法规范的发展

巴西葡萄牙语的语法规范化始于19世纪，与国家主体性的建立和国家公民意识的形成紧密相连（Orlandi 2002：159）。在国内知识分子寻求国家认同与身份构建的背景下，巴西葡萄牙语作为通用语，是国家和文化的象征，有必要根据其特征建立起区别于欧洲葡萄牙语的语法体系，从而进一步深化巴西与前宗主国——葡萄牙的分离。这一时期，巴西国内社会围绕巴西葡萄牙语语法规范展开了广泛讨论。值得注意的是，参与其中的主要人群不仅有专业的语言学家，还包括历史学家、文学家、医生、工程师等群体，其中最具代表性的是里贝罗。里贝罗是一名文学家，也被视为巴西第一位语法学家，他为巴西葡萄牙语语法规范化拉开了序幕。在引入欧洲先进理念和研究方法的同时，他打破欧洲葡萄牙语语法传统，开创了属于巴西的理论体系(131)。1881年，里贝罗出版《葡萄牙语语法》一书，将语法定义为"对语言事实的系统阐述"(Ribeiro 1881：1)，并将发源于欧洲的语法理念引入巴西。如果说欧洲语言学家将实证主义和历史主义应用于语言分析，那么里贝罗则是将这一研究引入巴西语法研究的先驱，由此在巴西引发了一场语言和语法革命。

虽然19世纪巴西葡萄牙语规范化已经取得部分成果，但该领域真正的兴起和蓬勃发展是在20世纪初。1924年，赛义德·阿里（Said Ali）撰写《葡萄牙语中级语法》（*Gramática Secundária da Língua Portuguesa*）一书，在序言部分便开宗明义地提出此书的宗旨，即"揭示与我们语言有关的语法学说和规则，以满足中等教育的需求与便利"(Ali 1924：14)。在书中，阿里进一步将语法分为不同的类型，表示"语言的语法可以是历时性的或描述性的"(15)。其中，历时性语法用于研究语言从起源至今是如何演变的，描述性语法则是揭示当前语言事实的语法，具有实用性，主要目的是教授民众如何正确地说和写，这也是该书的重点内容。与19世纪里贝罗等人提出的语法是对语言事实的系统梳理和分类的观点不同，阿里认为要关注共时的语言现象，通过科学的描述来建立恰当的口语和书面语规范。

一言以蔽之，在19和20世纪，语法规范工作响应了当时的时代背景对其提出的诉求，包括确立巴西葡萄牙语的特殊性和独立性，通过语言学理论系统地阐明语言现象和促进实用教学，该时期的成果也为21世纪巴西葡萄牙语语法规范奠定了基础。

21世纪初，一批语法学著作问世，较具代表性的包括《新巴西葡萄牙语语法》（*Nova Gramática do Português Brasileiro*）和《巴西葡萄牙语教学语法》(*Gramática Pedagógica do Português Brasileiro*)。《新巴西葡萄牙语语法》作者为阿塔利巴·德卡斯蒂略（Ataliba de Castilho），该书在2010年出版后受到巴西学界的广泛认可。在著作的开头，德卡斯蒂略便指出"有必要阐明巴西葡萄牙语的语法，为其认知赋予科学地位"（de Castilho 2010：31），要求在语法层面为巴西官方语言树立合法性。该书总结了坎皮纳斯州立大学、圣保罗大学等巴西知名学府和数所国外大学的研究成果，前半部分对语言、语法等概念进行定义，梳理并介绍巴西葡萄牙语发展的历史及其多样性，后半部分则重点介绍巴西葡萄牙语的动词短语、名词短语、形容词短语、副词短语和前置词短语。值得注意的是，作者将语法构建视作一项群体性的工作，并创造性地采用了说明性文本和质疑性文本并用的双重写作策略。其中，后者赋予读者共同研究者的角色，调动其主观能动性，在调查的基础上共同探索问题的答案。因此，德卡斯蒂略在著作中提到希望每个人"尝试成为自己的语法学家"（35）。

《巴西葡萄牙语教学语法》出版于2011年，作者为马科斯·巴格诺（Marcos Bagno）。该书将不同语法研究流派的理念融合在一起，为读者了解和认识巴西葡萄牙语的语法提供了全局视角。作者将语法视为规范的口语和书面语规则体系，体现了规范语法的特征；该书尝试探索巴西葡萄牙语语言现象共时变化的规律性及其背后的历史成因，反映了作者对历时研究方法的欣赏，体现了历时语法的特征；在部分章节中，作者尝试从语言与世界之间关系的角度来看待和分析语法，体现了哲学语法的特征。通过多元视角的构建，该书为语法教学的开展提供了有力支撑。

随着新技术革命的出现，语料库、机器翻译等技术逐步与语法研究融合在一起。通过收集真实语言环境中的语料并构建语料库，研究者可以更高效地解释和例证所研究的语言现象或发现新的语言规则，从而提取更具普遍性和解释力的结论。因此，包含大量语言实际使用信息的语料库成为推动巴西语法研究迈向新阶段的重要动力，成为该领域的新焦点。

3.2.2 巴西葡萄牙语规范词典的发展

词典是规范语言词汇和书面用语不可或缺的工具，它记录在特定时期被某一语言使用群体所接受和重视的语言传统，故其编纂与相应历史时期的社会规范有关。巴西葡萄牙语的词典编纂传统始于 20 世纪，在此之前，巴西葡萄牙语虽在长期的演变中发展出自身的词汇独特性，但一直遵循欧洲葡萄牙语词典所树立的规范。虽偶有著作围绕巴西葡萄牙语与欧洲葡萄牙语词汇上的区别展开讨论，但也数量稀少。巴西词典编纂的传统相对具有滞后性，导致这一现象的原因主要有两个方面：一是葡萄牙在殖民期间将巴西葡萄牙语视作欧洲葡萄牙语的一种变体，并不承认其独立性；二是巴西葡萄牙语作为移植语言，包括词汇在内的语言特征处于不断的形成与变化当中。

随着确立巴西葡萄牙语特殊性的呼声越来越高，1922 年，蒙泰罗·洛巴托（Monteiro Lobato）发表了一篇名为《巴西词典》("Dicionário Brasileiro")的文章，围绕巴西葡萄牙语的独立性和自主性展开探讨，揭开了巴西完全依赖葡萄牙出版词典的事实，同时指出了独立编纂巴西葡萄牙语词典这一任务的紧迫性。

巴西葡萄牙语词典的编纂工作可以分为两个阶段。第一个阶段为巴西和葡萄牙联合出版时期，这一时期出版的词典主要有坎迪多·德菲格雷多（Cândido de Figueiredo）的《新葡萄牙语词典》（*Novo Dicionário da Língua Portuguesa*）和卡尔达斯·奥莱特（Caldas Aulete）的《当代葡萄牙语词典》（*Dicionário Contemporâneo da Língua Portuguesa*）。前者于 1899 年在葡萄牙问世，其后于 1926 年与巴西出版社共同发行第四版；后者也是先在葡萄牙出版，于 1958 年与巴西联合发行了巴西的第一版。第二个阶段为巴西独立出版时期。这一时期的代表性词典包括《巴西葡萄牙语小词典》（*Pequeno Dicionário Brasileiro da Língua Portuguesa*）、《最新葡萄牙语大词典》（*Grande e Novíssimo Dicionário da Língua Portuguesa*）和《葡萄牙语词典》（*Dicionário da Língua Portuguesa*）。《巴西葡萄牙语小词典》于 1938 年出版，是首部巴西葡萄牙语词典，主要编者为伊尔德布兰多·巴罗索（Hildebrando Barroso），截至 1980 年共出版 13 个版本。《最新葡萄牙语大词典》由劳德利诺·弗莱雷 (Laudelino Freire) 编写，全套共五卷，第一卷于 1939 年出版，最后一卷于 1944 年出版。《葡萄牙语词典》由安特诺尔·纳森特斯（Antenor Nascentes）在巴西文学院的支持下编写而成，该词典共计六卷，在 1961 年至 1967 年期间相继出版。上述作品的问世推动了巴西葡萄牙语规范词典的发展，在词汇学上为巴西葡萄牙语确立独立身份地位奠定了基础。

为适应数字化发展趋势，21 世纪以来，不少网站推出了电子版的巴西葡萄牙语词典和手机词典，手机应用程序 Dício 便是其中较具代表性的案例。电子化的内容扩大了词典的容量，让使用者可以随时随地检索词条，并摆脱了随身携带厚重词典的负担，对推动巴西葡萄牙语语言学习起到了积极的作用。

3.3　巴西国家语言智能化

文秋芳（2019：62）将国家语言智能化列为衡量国家语言核心能力建设水平的维度之一，并将其定义为"政府能否有效运用智能化技术输入和处理不同语言，从而满足机器翻译、人工智能、智慧教育等方面的需求"。本节围绕巴西国家自然语言处理、巴西国家机器翻译能力、巴西葡萄牙语学习资源与语料库建设展开论述。

3.3.1　巴西国家自然语言处理

自然语言处理（Natural Language Processing，简称 NLP）是指将人类交流沟通所用的语言经过处理转化为机器所能理解的机器语言，是一种研究语言能力的模型和算法框架，是语言学和计算机科学的交叉学科。

有关自然语言处理的研究最早可以追溯到 20 世纪 40 年代。随着计算机的问世，机器翻译成为自然语言处理最早的一个分支，开启了将计算机技术运用于语言翻译的探索。随着科技的不断发展，该领域在 70 年代迎来繁荣，各类实验或商用的系统相继推出，例如加拿大的 Weinder 系统、欧共体的 EUROTRA 多国语言翻译系统、美国的 SYSTRAN 系统等。在此之前，五六十年代出现了几项具有代表性的基础性研究，包括图灵（A. Turing）算法计算模型研究、乔姆斯基（N. Chomsky）关于形式语言理论的研究和香农（C. Shannon）关于概率和信息论模型的研究，并开始建设第一批计算机语料库，为现代计算机科学和自然语言处理的发展奠定了基础（冯志伟 2008）。世界上第一个计算机语料库是布朗标准美式英语语料库（Brown Corpus of Standard American English）。该语料库创立于 1961 年，是第一个计算机可读的通用语料库，其语料源自新闻报道、小说等 15 类体裁的 500 篇文本，共计 100 万个单词。自 21 世纪初以来，随着新一轮信息通信技术的革命，人类的生活方式和信息获取方式发生了根本性的变化，海量信息的生成和浏览对自然语言处理技术的需求和要求不断提升，相关研究也受到各国重视。

就巴西而言，虽然早在 20 世纪 70 年代就已经有关于自然语言处理的讨论，但直到最近 20 年，该领域才在巴西学界引起重视，并吸引了众多来自不同研究背景的学者和专家参与。该领域具有较强的跨学科性质，语言学和信息科学的合作是其能够不断创新发展的重要条件。按照研究侧重不同，巴西学者 Mello（2022）将其分为语料库编纂与处理、自然语言计算处理方法研究和自然语言处理三个方向。其中，前两个方向虽然以代码和计算机工具为媒介，但研究重心集中在语言学领域；后一个方向主要由计算机科学专家主导，人工智能和大数据是其重要研究领域。整体而言，在巴西自然语言处理发展的过程中，政府较少扮演主导者的角色，研究主体多为国内的大学、学会和研究所等学术机构。

随着巴西自然语言处理的发展，该领域出现了一批在国内享有盛名的学者，较具代表性的包括莱昂内尔·菲格雷多（Leonel Figueiredo）、普林尼奥·德阿尔梅达·巴尔博萨（Plinio de Almeida Barbosa）、托尼·贝尔贝·萨尔迪尼亚（Tony Berber Sardinha）、维奥莱塔·昆塔尔（Violeta Quental）、本托·迪亚斯·达席尔瓦（Bento Dias da Silva）等，他们是巴西自然语言智能处理、语料库语言学、大数据等方向的杰出带头人。其中，菲格雷多是Aelius解析器的研发者，该解析器具有预处理文本、构建形态句法标记器、注释语料库和审查自动注释等功能。巴尔博萨则与其他研究人员合作开发了巴西葡萄牙语语音对齐工具Alinha-PB。

随着该研究领域机制化水平的提升，以及专业学会与研究团队的数量不断增加，巴西促成了一批相关的研究项目，并开始定期举办"巴西信息技术与人类语言研讨会"（Simpósio Brasileiro de Tecnologia da Informação e da Linguagem Humana，简称STIL）等活动，为国内外学者提供交流的平台。这一发展趋势为巴西自然语言处理工作的开展提供了有利环境。该领域较具代表性的学会和研究团队包括：

1) 跨机构计算语言学中心

跨机构计算语言学中心（Núcleo Interinstitucional de Linguística Computacional，简称NILC）成立于1993年，由来自圣保罗大学、圣卡洛斯联邦大学等高校和研究中心的计算机科学家、语言学家和相关领域研究人员组成，其科研项目得到多个巴西研究机构的资助，并通过产学研合作进行知识和技术转让，旨在推动国内计算语言学和自然语言处理技术的发展，加强相关资源、工具和应用程序的研发。该中心的研究项目主要针对巴西葡萄牙语，具体研究领域包括情感分析与观点挖掘、文本摘要、文本简化、读写辅助工具、机器翻译、语料库语言学、计算术语、自动化评估、语音处理、机器学习技术的应用以及语言处理解决方案的各种建模策略等。

2) 自然语言处理特别委员会

2007年6月，巴西计算机学会第27届大会在里约热内卢举行。其间，会议通过了成立自然语言处理特别委员会（Comissão Especial em Processamento de Linguagem Natural，简称CE-PLN）的提案，标志着巴西第一个专门负责自然语言处理的研究机构诞生。自然语言处理特别委员会的宗旨在于促进自然语言处理在巴西的推广，鼓励该领域著作的出版和传播，并为相关学术研究活动提供支持，例如负责巴西信息技术与人类语言研讨会等活动的组织和举办。

3）南大河天主教大学自然语言处理研究小组

南大河天主教大学自然语言处理研究小组（Grupo de Pesquisa em Processamento de Linguagem Natural da Pontifícia Universidade Católica do Rio Grande do Sul，简称 PLN-PUCRS）是由该大学师生组成的一个研究团队。他们设立了自然语言处理实验室，开展并推动与语义计算、自然语言语义处理、语料库语言学相关的研究，具体研究领域包括情感分析、自然语言交互、信息提取、术语概念提取、语义关系提取、词汇资源生成、同义词库生成、观点挖掘等。

4）圣保罗大学人工智能中心

基于国际商业机器公司（IBM）和巴西圣保罗研究基金会（Fundação de Amparo à Pesquisa do Estado de São Paulo，简称 FAPESP）的资助，圣保罗大学人工智能中心（Centro de Inteligência Artificial da Universidade de São Paulo，简称 C4AI）于 2020 年成立，汇集了一批来自不同研究机构的专业人士，致力于人工智能领域前沿的基础研究和应用研究。在中心的支持下，以马塞洛·芬格（Marcelo Finger）为首的研究员开展 NLP2 科研项目，旨在通过开发和整合相关数据、资源和工具来推动葡萄牙语高级自然语言处理工程，具体内容包括通过句法分析和解析来处理葡萄牙语、语音识别、合成注释，以及创建当代巴西葡萄牙语通用语料库等工作。

5）巴西女性自然语言处理小组

巴西女性自然语言处理小组（Brasileiras em Processamento de Linguagem Natural，简称 Brasileiras em PLN）是由海伦娜·卡塞利（Helena Caseli）和布里伦·马杜雷拉（Brielen Madureira）共同创立的。该组织成立于 2020 年，目前由超过 150 位来自各行各业的女性学者和专业人员组成，其中包括语言学家、程序员、教师和学生等。该组织的主要目标是提高女性科研人员在自然语言处理领域的参与度和影响力，并激励更多的女性投身于这个领域的研究工作。

3.3.2　巴西国家机器翻译能力

机器翻译，又名计算机翻译，是指使用计算机将一种语言符号转换为另一种语言符号，是自然语言处理的重要分支及应用领域（胡开宝、李翼 2016）。巴西机器翻译研究主体主要为大学和科研机构。近年来，一些大学已将机器翻译融入语言学或翻译学课程，并设立自然语言处理实验室，致力于推动巴西葡萄牙语语料库建设。它们将计算机科学、语言学和翻译学理论与现代技术相结合，并进行产业合作，以便推进知识的实际应用和提升国家的机器翻译能力。

巴西政府虽然较少直接参与机器翻译项目，但却是国内相关研究成果和技术开发的重要资助方，这有助于机器翻译在巴西的发展。Alves（2022：58-60）对87项与机器翻译相关的研究进行调查，发现其中31项研究注明获得外部资助，约占总数的35.6%。其中，主要资助机构是巴西高等教育人员促进会（Coordenação de Aperfeiçoamento de Pessoal de Nível Superior，简称CAPES），它为20项研究提供了资金支持，约占受资助研究项目总数的64.5%。巴西高等教育人员促进会是巴西教育部下属机构，其职责之一是为国内科研项目的开展提供资金支持。此外，圣保罗研究基金会同样是机器翻译研究的重要资助方。该基金会是促进巴西科学技术研究的主要机构之一，其资金来源于圣保罗州税收，主要用于资助该州科学技术的研究、交流和传播。

3.3.3　巴西葡萄牙语学习资源与语料库建设

3.3.3.1　巴西葡萄牙语学习资源

巴西葡萄牙语学习资源丰富，根据学习方式的不同，可分为纸质资源和数字资源。

在纸质资源层面，一方面，巴西政府在2004年启动《国家中等教育教材项目》（Programa Nacional do Livro Didático para o Ensino Médio），目标是向全国的公立高中提供各种教材。该项目最初在部分地区试点，逐渐扩展到全国范围。2006年，该项目向巴西中等教育学生发放葡萄牙语和数学教材，为巴西葡萄牙语在巴西的推广做出了重要贡献。另一方面，巴西出版社和其他国家的出版社面向全球各地的葡萄牙语学习者出版教材，在国际上加强对巴西葡萄牙语的推广。相关图书包括由巴西桥梁出版社出版的《西班牙语使用者的葡萄牙语教材》(*Português para Falantes de Espanhol*)和《巴西葡萄牙语的描述、历史与习得》(*Descrição, Históriae Aquisição do Português Brasileiro*)以及我国的外语教学与研究出版社出版的《走遍巴西》等。

在数字资源层面，随着社交网络的兴起，YouTube（油管）、Facebook（脸书）等应用程序成为学习者获取巴西葡萄牙语学习资源的受欢迎途径。在 YouTube 上以"巴西葡萄牙语"为关键词检索，会搜索到大量的教学类或科普类视频，既包括专门的语音、语法和词汇教学视频，也包括围绕历史、文化、社会、艺术、时尚、美食等不同主题的葡萄牙语教学视频。上传巴西葡萄牙语相关视频的博主包括个人、政府单位和非政府组织，体现了葡萄牙语语言教学主体的多元性，为巴西葡萄牙语在更广泛范围内的传播起到了积极作用。除了视频资源外，学习者还可以在 Facebook 等社交媒体平台加入葡萄牙语学习小组，与来自世界各地的用户共同学习语言和分享资源。

此外，如上文所述，学习者可以借助 Dício 等线上巴西本土词典应用程序或网站，随时随地搜索单词，大幅度提升学习效率。同样地，国外机构开发的 Google Translate（谷歌翻译）、DeepL（DeepL 在线翻译）等翻译应用程序包含巴西葡萄牙语选项，通过不断的更新迭代，这些应用程序展现出较强的机器翻译能力，为学习者不受时空限制查阅单词和翻译语句提供了便捷的平台。

3.3.3.2 巴西葡萄牙语语料库建设

巴西语料库语言学正式确立于 2004 年，其标志为巴西先锋语言学家萨尔迪尼亚出版了第一部语料库语言学教程。此后，语料库这一新兴技术被广泛应用于外语教学、翻译研究、词典编纂等领域。大学、语言学研究机构、研究人员等主体纷纷致力于语料库研究及建设，建立了一系列多语料、多主题、多用途的语料库。其中大多数语料库对公众和专业研究者免费开放，这极大地推动了巴西国内语料库语言学以及其他相关学科的发展，同时也提高了巴西语言的智能化水平。下文将梳理巴西不同类别的语料库中较具代表性的案例。

1）以大学和权威机构为依托的语料库

1993年，圣保罗大学和ITAUTEC公司签署协议，共同推出用于辅助葡萄牙语写作的语法修订项目——ReGra，并在该项目的框架下构建了多个文本修订的计算工具。在该项目材料的基础上，项目组创建了一个文本库，也就是跨机构计算语言学中心语料库（Corpus do Núcleo Interinstitucional de Linguística Computacional，简称Corpus NILC）。该语料库的目的在于回应采用真实测试文本修订工具的需求，并为巴西葡萄牙语某些语法形式的使用提供实践案例。就第一个目的而言，需要在一个由富有经验的作者书写或修订过的文本所组成的语料库中鉴别出所谓的"伪错"（erros falsos），因此该语料库中的文本在很大程度上是根据这一要求而选择的。此外，"遗漏"（omissão）的现象则在收录未经修订的文本库中进行测试。这样一来，语料库由三类文本组成，分别是修订后的文本、半修订的文本和未修订的文本。为保证测试结果的准确性和全面性，语料库需要涵盖尽可能详尽的文本。以新闻语料库为例，在构建过程中，为保证能够导出至少一个只读光盘容量的数据量，该语料库收录了《圣保罗页报》（*Folha de São Paulo*）在1994年刊发的全部文章。

CoMET项目是一个用于教学和翻译的电子多语言语料库，由圣保罗大学哲学、文学和人文科学学院开发，旨在支持翻译、术语和语言教学等领域的语言研究。该项目由三个子语料库组成，分别是技术科学语料库（CorTec）、翻译语料库（CorTrad）和多语言学习者语料库（CoMAprend）。技术科学语料库于2005年首次上线，语料为用葡萄牙语或英语书写的专业文本或科学文本。目前，技术科学语料库下设20余个不同专业领域的语料库，每个语料库收录的词汇数量不同。翻译语料库由CoMET项目组、Linguateca 平台和跨机构计算语言学中心于 2008 年 5 月合作建立，下设三个语料库，分别是文学语料库（文本主要来自澳大利亚和加拿大的短篇小说）、技术科学语料库（以烹饪领域相关文本为主）和新闻语料库（以科技传播相关文本为主），目前仍在不断更新语料。翻译语料库的优势在于能够让使用者直观地观察同一文本的多个翻译版本，并在考虑到体裁和文本特殊性的情况下，在每个子语料库中进行差异化搜索。另外，翻译语料库收录的文本可以按照形态句法进行标记，以便使用者更为精确地查询。多语言学习者语料库由外语系中德语、西班牙语、法语、英语和意大利语本科生的课程作业和论文组成，此外，语料库还包含来自其他大学的语料，向所有想要为学生论文做出贡献的研究人员开放。

巴西语料库（Corpus Brasileiro）是一个在线文本语料库，是圣保罗研究基金会资助项目的成果之一，得到了语言研究、资源和信息中心以及巴西圣保罗天主教大学应用语言学研究生课程的支持。该语料库支持形态句法标记的功能，允许使用者按文本类型或记录进行搜索，包含报纸、杂志中多类体裁的文本。

2）口语语料库

城市口语规范项目（Projeto NURC）于 1969 年启动，旨在记录和研究巴西不同城市所使用的口语规范。由于研究目标以特定人口规模和多样化社会阶层为要求，项目筛选了五个居民超过 100 万、社会阶层较为丰富的首府城市作为研究对象，包括累西腓、萨尔瓦多、里约热内卢、圣保罗和阿雷格里港。该项目采集的所有录音均刻录在卷式磁带上，这种方法虽然保证了录音质量，但也带来了挑战，因为卷式磁带播放器既昂贵又难寻，这大大增加了获取这些录音的难度。鉴于这一限制，在巴西科技部科学技术发展委员会（Conselho Nacional de Desenvolvimento Científico e Tecnológico，简称 CNPq）的支持下，项目组自 2012 年起开发专门的电子系统，对所有元数据进行编目、注释和存储，从而实现了语音材料的数字化储存和管理，以便有需求的人员在线浏览相关文件，这也就是目前的数字化城市口语规范项目（Projeto NURC Digital）。该项目收集硕士论文、博士论文、在国内外期刊上发表的文章以及在世界各地举办的学术会议上发表的作品,为众多学术创作编撰提供了数据支撑。

LinguaPOA 项目由南大河联邦大学负责,用于收集该州首府阿雷格里港不同阶层和社区所使用的巴西葡萄牙语的语音数据,主要语料来自社会语言学访谈,内容除了有关个人经历的叙述外,还包括对不同议题的见解,例如对阿雷格里港生活的评价。该项目的采访对象是出生于阿雷格里港或在五岁前迁居至该市的居民,主要研究目标包括:根据不同地理区域和社会阶层所共有的语言规范和特征来分析阿雷格里港语言社区的构成,并在此基础上将社会差异和语言标准化及语言差异联系起来,进而验证影响该市所使用的葡萄牙语语音的语言变量和非语言变量。

3) C-ORAL-BRASIL 语料库

C-ORAL-BRASIL 语料库与 C-ORAL-ROM 语料库[1]相关联,都是通过电子化的语言资源,对即兴发言和基于经验的言语进行理论和应用研究。该语料库目前由 139 个文本组成,并收录了高品质的音频文件。这些音频文件根据情境可分为家庭对话与私人对话,按照类型可分为对话、独白和闲聊。此外,可在 WinPitch 软件中对齐音频和相应的文本,这样使用者在听音频的同时可以查阅对应的文本和频谱。

C-ORAL-BRASIL 语料库是一个巴西葡萄牙语即兴发言的语料库,通过大量收集真实语料来刻画不同地方语言的变化,所收录的语料大多采集自米纳斯吉拉斯州的首府贝洛奥里藏特。所谓的即兴发言是一种面对面的多模式交互,在这一过程中,发言者的语言组织与语言行为同时发生,前后文具有不确定性。正因为即兴发言是完全自然的,而非经过事先加工的,所以研究此类语料可以有效分析语境、社会背景等因素所带来的语言变化。

该语料库的建设与发展推动了语言学的多样化和相关性研究。例如,通过对即兴发言的分析来描述语言变化的特征,对即兴发言和信息组织结

---

[1] C-ORAL-ROM 语料库为口语语料库,语料的主要语言为意大利语、法语、西班牙语和葡萄牙语四个罗曼语族语言。

构进行分类,并在此基础上进行语义和形态句法研究。语料库中的数据通过记录、数据转录和形态句法标记这几个主要步骤进行处理,在最终上线之前还须完成验证步骤,以验证数据的一致性,这保证了语料库数据的可靠性。

4)其他语料库

除上述语料库外,巴西国内还可以找到传媒、手语、艺术、流行文化等其他专题的语料库。下文将介绍圣卡塔琳娜联邦大学负责的手语语料库项目和南大河联邦大学开展的 CorPop 语料库。

手语语料库由圣卡塔琳娜联邦大学研究团队开发成立,主要为四个目的服务:其一,为研究人员或感兴趣的人提供免费的线上语料资源,包括相关文章、理论、方法论等,让更多的人能够了解这一领域,便于专业学者、研究人员或教师形成文章、著作、研究项目等成果,为巴西手语（Língua Brasileira de Sinais）研究贡献自己的智慧;其二,通过语料的数字化储存,实现随时随地浏览,减少珍贵数据丢失的风险,起到保护语言的作用并帮助人们深入理解如何应用这些数据;其三,在网络范围内展示并传播有助于手语研究发展的材料和技术;其四,为听力障碍者和言语障碍者提供手语形式的语言、文化和历史资料,在推动手语这一语言形式发展的同时,帮助听力障碍者和言语障碍者群体更好地融入巴西社会。

CorPop 语料库是一个巴西葡萄牙语大众语言语料库,库内语料文本根据国内读者的平均识字水平筛选而来。该语料库基于跨学科的理论方法,涉及语言研究及词典研究、语料库语言学、文本语言学、心理语言学、自然语言处理等研究领域,通过分析巴西读者的识字水平数据,在适合读者水平的文本语料库中构建文本难易性标准。语料库使用的数据主要来源于巴西功能性识字指标和阅读能力报告,此外,该语料库还通过发放调查问卷的形式收集数据。

CorPop 语料库按照以下标准筛选文本:

(1)刊于《高乔人日报》(*Diário Gaúcho*)的大众新闻文本,此类文本广受巴西中低层民众喜爱;

（2）最新一期巴西阅读能力报告的受访者最常阅读的文本；

（3）"这仅是开始"（É Só o Começo）系列文集，这是语言学家为阅读水平较低的读者改编的简易版巴西文学经典作品合集；

（4）刊于报纸《街头之声》（Boca de Rua）上的文本，此类文本的来源多为受教育程度和识字率较低的无家可归者；

（5）刊于《工人事业日报》（Diário Causa Operária）上的文本，该报纸由一家巴西工人阶级出版社出版，写作水平普遍在平均识字范围内。

目前，巴西绝大多数文本语料库研究的语料来自《圣保罗页报》、《圣保罗州报》（O Estado de São Paulo）、《环球报》（O Globo）、《零点报》（Zero Hora）等传统知名报纸。然而，CorPop 语料库采取了一种不同的方法，它的文本主要来源于能更充分地体现大众语言特征的报纸，以此来呈现普通人群所使用的巴西葡萄牙语。库中收录的文本所反映的识字水平均符合普通巴西读者的阅读水平、识字率和受教育程度，旨在为那些以识字水平有限的发言者和写作者为目标群体的研究提供文本材料和参考。

3.4 巴西国家语言和谐生活建设

针对国家语言和谐生活建设这一维度，文秋芳（2019：62）的解释是"政府能否恰当处理国家通用语、少数民族语言、方言之间的关系，纸质媒体和网络媒体之间的关系，构建语言生活的和谐社会环境"。巴西是一个多民族、多语言的国家，除了官方语言葡萄牙语外，还存在大量的原住民语言和移民语言，这也使得维系不同语言使用群体间的关系成为保证国家团结稳定的重要事项。本节将围绕面向原住民群体、外国移民、听力障碍者和言语障碍者群体的语言政策，探讨巴西在坚持葡萄牙语主体地位的同时如何平衡和处理国内其他语言的问题。

3.4.1 面向原住民群体的语言政策

历史上巴西一直是一个多语言国家。据记载，在 16 世纪初葡萄牙人登陆巴西之前，这片土地上便已存在 1,078 种原住民语言，不同部落间的语言并不相通（Oliveira 2010）。此后葡萄牙语在巴西的地位逐步上升，殖民政府所实行的语言同化政策使得大量原住民语言已经灭绝或濒临灭绝。

20 世纪 80 年代起，面对国内多语言的现实以及对外开放的需求，巴西单语主义语言观发生转向，而这一转向的标志就是 1988 年《巴西联邦共和国宪法》的颁布。现行巴西宪法又被称为"公民宪法"，以立法的形式保障来自不同背景的人民的权利，首次确立了原住民接受母语教育的权利，将尊重原住民文化语言及其特殊性纳入学校教育的理念。尽管在此之前，巴西也存在部分保护语言多样性的措施，但没有明确提及原住民语言。直到《巴西联邦共和国宪法》颁布之后，原住民语言才开始在巴西立法中受到重视、保护和尊重。在此之前，针对原住民的立法都以保护性指导方针为标志，认为原住民处于一个过渡的阶段，最终将逐渐同化并融入国家主流社会。

此后，巴西政府颁布的系列法律法规和教学大纲，例如《国家教育指导方针与基本法》《全国原住民学校教育大纲指导方针》和《全国原住民学校课程大纲参考》等，构成了有助于确保原住民语言地位的公开语言政策，旨在保障原住民接受双语和跨文化教育的权利，尊重原住民文化和语言的特殊性。为了落实上述相关政策，巴西成立了专职政府部门，负责原住民学校教育政策的制定与落实，在原住民居留地内建立原住民学校，组织编写、出版原住民学校专用的双语教材，多渠道培养原住民教师，等等（叶志良 2015）。

简而言之，由于受本国历史、社会、政治等因素的影响，巴西的原住民语言政策制定、落实得比较晚，但无论如何对促进原住民语言的传承、保护人类文化多样性具有重要的积极意义。巴西在坚持葡萄牙语官方语言的主体地位的同时，通过语言地位规划和习得规划来逐步提升原住民语言的地位，确保原住民接受跨文化双语教育的权利；部分城市将原住民语言与葡萄牙语并列为共同官方语言，从而保障原住民语言使用者的语言权利和推动原住民语言的传承，以响应巴西多语言共存的国情。

3.4.2　面向外国移民的语言政策

在殖民时期，巴西殖民政府奉行葡萄牙语至上的语言政策，对移民语言进行打压。帝国时期建立混合殖民地，将使用不同语言的移民安置在同一个居住区，迫使其使用葡萄牙语这一共同语言来交流，从而间接地消解移民语言，这可以被视作一种隐性的语言政策（Altenhofen 2004）。由于大部分移民后裔在情感、文化上都还与原籍国保持联系，在日常生活中更倾向于使用母语，因而此举被视作分裂国家的潜在威胁。1938年，瓦加斯政府颁布第406号法令，限制德语、意大利语等移民语言在学校中的使用，要求农村地区的学校必须使用葡萄牙语开展教学，且基础教育阶段各科目的教材必须使用葡萄牙语编写。此外，农村地区外语书籍、杂志或报纸的发行均须向司法部报备。

随着移民群体规模的扩大，来自意大利和德国的移民成为巴西社会和文化的有机组成部分，该群体的需求和语言权利也逐步受到重视。相较之下，政府出台的针对移民的语言政策相对有限，对外葡萄牙语教学项目的开展多由地方层面的非政府组织负责。对外葡萄牙语教学考虑到了移民刚抵达巴西时可能面临的困境，例如办理手续证件、应聘工作、寻找住房、子女入学、在当地医疗体系注册等问题，因此将相关情景纳入语言教学课程，旨在帮助移民迅速融入巴西社会，在新的家园安身立命。

圣卡塔琳娜联邦大学推出针对移民群体的对外葡萄牙语教学项目，全年为移民群体提供葡萄牙语的培训课程和短期课程，并开设教师培训工作坊，扩大可供移民群体使用的语言学习资源。南大河联邦学院为在该州居住的移民或难民群体开设以葡萄牙语为二语的语言进修课程，除语言技能外，还向其传授在当地生活的必需技能与常识。帕拉伊巴联邦大学现代外语系在2021年通过《帕拉伊巴难民与移民项目》（Projeto "Refugiados e Migrantes" na Paraíba），向这两个群体提供对外葡萄牙语课程。同样地，格兰德杜拉多斯联邦大学在2021年面向年满12岁的难民、移民和持有人道主义签证的群体举办线上葡萄牙语课程。第一期课程于当年4月启动，共计 40 个课时；第二期课程于同年 8 月启动，共计 50 个课时。每期课程分为初级和中级两个班级，教学内容包括语法、主题教学等。

虽然近年来巴西出现了不少针对移民群体和难民群体的对外葡萄牙语教学项目，但教学主体多为大学等教育机构，联邦政府在帮助移民群体学习葡萄牙语、保护其语言权利方面出台的政策较少，在该方面的治理能力与巴西移民的体量不符。当前，移民群体依旧面临多重问题，例如子女就学等。儿童和青少年是非常重要的一个移民群体。根据 2016 年"学校普查"数据，在 2008 年至 2016 年间，在国家公共教育体系中注册入学的移民儿童从 34,000 人上升至 73,000 人，增幅约为 115%，其中 64% 的人就读于公立院校（INEP 2017）。尽管移民群体数量可观，但巴西公立教育体系以葡萄牙语为主要教学语言，使用移民群体语言教学的情况几乎不存在，这为移民群体子女融入当地学校和社区造成了障碍（Dinis & Neves 2018）。

3.4.3　巴西手语

2002 年，时任巴西总统费尔南多·恩里克·卡多佐（Fernando Henrique Cardoso）签署第 10436 号法律。该法第 1 条规定，"巴西手语和与其相关的其他表达方式均被视为合法的交流和表达方式"，并在特别条款中指出，巴西手语起源于巴西听力障碍者和言语障碍者群体，是一套视觉运动性质的语言系统，具有自己独特的语法结构，可作为传递想法与事实的语言工具。该法首次确立了巴西手语作为一门语言的合法性，并提出手语与葡萄牙语具有同等地位，让后续的政策行动和研究活动有法可依。

2005 年，巴西颁布第 5626 号法令，将巴西手语确立为听力障碍者和言语障碍者的教学语言，规定该群体有权接受双语教育，规范成立双语学校的条件资质，并明确规定教授听力障碍和言语障碍学生的教师须接受专门的高等教育，具备专业教学资质。该法令第 5 条具体内容如下：

第 5 条 学前教育和早期初等教育的手语教师必须接受教育学本科课程或高等师范课程培训，在培训中应使用双语开展教学，即手语和书面葡萄牙语。

2005 年，教育部推出 Prolibras 项目，设立国家巴西手语使用和教学能力认证以及手语/葡萄牙语笔译和口译能力认证，以此衡量和认证手语学习者或教师的翻译水平或教学水平，认证工作由全国聋人教育研究所（Instituto Nacional de Educação de Surdos，简称 INES）负责落实。

此外，全国聋人教育研究所、联邦高校等多个主体从语言促进、语言研究、语言教学等方面推动手语在巴西的推广，保障听力障碍者和言语障碍者群体的语言权利。全国聋人教育研究所是手语教育和研究的重要部门，它一方面服务于相关公共政策的制定并支持地方政府部门落实政策，另一方面通过开展科研项目、举办论坛研讨会、开办手语课程等方式，推动国内手语专业人员的培训、教育、资格认证和传播。在全国聋人教育研究所专业人员的指导支持下，巴西研发了一系列用于手语教育和聋人教育的技术工具和教学材料，并将其在多种媒体渠道上传播，具体包括巴西手语词典、巴西手语儿童文学、巴西手语流行音乐以及各类学术期刊。

自巴西政府呼吁开展手语教育、保障听力障碍者和言语障碍者群体权利以来，巴西高校作为知识生产地和社会服务站，成为响应国家政策、促进巴西手语教学研究的重要主体，其中最具影响力的当属圣卡塔琳娜联邦大学。2006 年，该大学与全国聋人教育与融合联合会（Federação Nacional de Educação e Integração dos Surdos，简称 FENEIS）合作，创建巴西手语课程，以远程方式开展手语教育，目的在于培养能够熟练运用手语工作的专业人员。该课程成为巴西聋人运动的一座里程碑。2013 年，以巴西手语课程为基础，圣卡塔琳娜联邦大学翻译学研究生课程正式将巴西手语纳入其研究方向，以落实国家政策并增强社会包容性，为该领域理论创新和实践提供人才支持。圣卡塔琳娜联邦大学被视为巴西手语研究的高地。目前，该校提供手语的高等教育线下课程、远程课程和培训课程。

3.5 小结

从历史角度来看，葡萄牙语在巴西的传播自葡萄牙人登陆以来便已开始。葡萄牙殖民当局将葡萄牙语推广视作一种同化当地人民、消解原住民文化的有力手段，以此巩固殖民统治。在殖民政府的推动下，葡萄牙语在巴西的地位逐步上升。20世纪80年代，巴西军政府宣布还政于民，在重塑国家格局的过程中开始制定和出台以葡萄牙语为主的语言政策。宪法作为一个国家的最高法律，规定了国家最根本、最重要的制度和最基本的国策。巴西现行宪法规定葡萄牙语是巴西的官方语言，从法律层面明确了葡萄牙语在国家语言生态当中不可撼动的地位和角色，为葡萄牙语的普及提供了根本依据。

巴西葡萄牙语普及工作主要通过教育体系开展。一方面，葡萄牙语是巴西教育体系的授课语言和重点科目，政府将语言学习视作学前教育中推动儿童社会化进程的重要载体，规定所有初等教育二年级学生必须具备葡萄牙语识字能力，并在接下来的初等教育、中等教育和高等教育中不断深化和精进对葡萄牙语的掌握，辅以继续教育，推动葡萄牙语在国民中的整体普及程度。另一方面，巴西政府在基础教育评估体系和国家中等教育水平测试等外部评估机制中均将葡萄牙语作为重点考查内容。也就是说，若想在评估中取得出色的成绩，掌握葡萄牙语是必不可少的，这也鼓励学生重视和主动学习葡萄牙语。除了本国学生外，教育部还考虑到巴西海外侨胞子女就学问题，在国外成立巴西学校，为当地侨胞子女提供葡萄牙语授课的正式教育课程。

巴西通用语使用规范主要通过语法构建和词典编纂两方面来实现。巴西葡萄牙语经历了漫长的演变，吸收了原住民语言和移民语言的元素，形成了自己独特的语音、词汇和语法体系，与欧洲葡萄牙语有一定的区别。自19世纪起，巴西开始寻求独立于前宗主国的国家认同和身份构建，在这一过程中，语言作为一国文化的显性特征，成为完成这一任务的有力工具。这一时期，巴西知识分子和专家学者开始着手于巴西葡萄牙语的规范化。在语法构建层面，里贝罗等先驱对语法进行定义和分类，并引入先进的语言学理论，用于分析巴西葡萄牙语语法现象并逐步为教学活动服务，重塑了巴西语法学格局。在此基础上，21世纪以来，包括《新巴西葡萄牙语语法》《巴西葡萄牙语教学语法》在内的一批语法教材问世，语料库、机器翻译等新兴技术也被运用于语法研究中。在词典编纂层面，巴西词典学经历了逐步迈向独立和繁荣的过程，《巴西葡萄牙语小词典》《最新葡萄牙语大词典》《葡萄牙语词典》等的编纂和出版在帮助巴西摆脱对欧洲葡萄牙语词典的依赖方面起到了重要作用。

在语言智能化方面，政府的作用并不突出，政策力较弱，主要以项目资助者的身份参与其中；大学、学会等学术机构是该领域的研究主体。巴西国家自然语言处理具有较强的跨学科性质，可分为语料库编纂与处理、自然语言计算处理方法研究和自然语言处理三个方向，吸收语言学家、计算机科学家等多领域学者参与，形成了自然语言处理特别委员会、跨机构计算语言学中心等一批研究协会和研究团队，开发出 Aelius 解析器、Alinha-PB 等语言工具，并开设自然语言处理实验室，推动巴西葡萄牙语语料库建设，提高国家翻译能力。

在国家语言和谐生活建设层面，21世纪以来，巴西将自己定义为多民族的国际性国家，而多语言的现实也使得协调葡萄牙语、原住民语言和移民语言之间的关系成为巴西语言治理的重要事项。在原住民语言方面，巴西政府在宪法中保障了原住民使用自己母语的权利，教育部出台的多个政策要求保障原住民学生使用自己的语言学习的权利，并提出实行跨文化双语教育，将原住民语言视作国家重要文化遗产，推动其传承。然而，巴西跨文化双语教育的局限性也十分明显，主要包括语言价值差异导致社会分层加剧、政策规划与落实间存在差距以及跨文化双语教育与主流社会的衔接不足。当前所实行的跨文化双语教育实际上是过渡式双语教育模式，即捍卫葡萄牙语作为第二语言的地位，在双语教学的过程中普及葡萄牙语，加强原住民群体与主流社会的沟通；同时，以语言为工具，向原住民输出国家团结的理念和共同的价值观，构建逐渐重合的国家认同与民族认同。这一局面影响了语言群体的语言选择和语言态度，对原住民群体而言，他们开始将葡萄牙语视作最终的"归宿"，给原住民语言打上"身份低下"和"尴尬"的标签，无形中加强了他们学习葡萄牙语和国际语言的欲望，导致原住民语言的形象与功能性进一步被削弱，这一趋势须引起注意。巴西政府出台的有关移民群体的政策较少，虽有大学等机构为移民和难民群体提供二语教学课程，帮助他们融入当地社会，但整体而言政策力度仍有待加强。

综上所述，巴西政府通过出台专门法律法规，对国内语言生态进行顶层规划，在国家通用语普及、国家通用语规范使用、国家语言智能化与国家语言和谐生活建设方面取得了一定的成绩。尽管如此，相较于中国、美国等国家而言，巴西的语言核心能力依旧不足，尤其是在国家语言智能化建设以及移民语言政策方面，其政策力、实践力和绩效力均有待进一步提升。

第四章
巴西国家语言战略能力建设

国家语言战略能力指处理涉外事务的语言能力，主要着眼于未来，具有前瞻性和长远性，是国家对外开放、维护国家主权、塑造国家形象、提升国际地位的支柱（文秋芳2019：61）。本章将从巴西国家外语教育政策、巴西国家通用语国际拓展、巴西国家语言人才资源掌控、巴西国家对外话语表述四个方面对巴西国家语言战略能力进行阐述和分析。

4.1 巴西国家外语教育政策

当我们越需要与来自世界其他国家和地区的人们建立商贸、文化和人际关系时，掌握除母语之外的其他语言的重要性也就越发凸显。然而，一个国家或民族在常规教育中教授和学习哪种外语，并不是一个偶然的选择或者草率的决定，通常会考虑这种语言所代表的经济实力以及地缘政治和文化因素等。巴西的外语教育政策就是基于这样的理念而制定的。

4.1.1 外语教育的历史

实际上，巴西外语教育历史上教授的第一种外语是葡萄牙语，但这并不是葡萄牙王室通过颁布法律来决定的，而是出于当时葡萄牙殖民者为了更好地与巴西原住民开展沟通和交流的需求。正如第一章所述,当葡萄牙王室感觉到原住民语言和其他语言开始威胁到葡萄牙语的地位时,庞巴尔政府通过语言规划措施使葡萄牙语从外语变成巴西的国家通用语和官方语言。

1837年创建的佩德罗二世学院首次将现代外语纳入学校的教学大纲,并使之与古典语言(拉丁语和希腊语)享有平等的地位。该校效仿法国的教育模式,教授法语、英语和德语,教学内容以文学为主,旨在向大学输送精英人才。佩德罗二世学院的这一举措与葡萄牙王室迁至巴西密不可分。正是王室的到来,带来了话剧团、军事学校、法学院、医学院等,建立了皇家出版社,并且开埠通商,这些都需要王室贵族的后代接受欧式教育并掌握除古典语言之外的其他语言(Day 2012)。

巴西帝国时期(1822—1889年),学生在中学里至少学习四种语言(Leffa 1998)。从帝国末期到巴西合众国[1]初期的几十年里,巴西的外语教育无论是从教授语言的数量还是从周学时来看,都呈现出下降的趋势。

19世纪40年代末期,拉丁语、法语和英语教学贯穿于七年中学教育,德语和希腊语仅教授五年(Moacyr 1936)。例如,1855年的教学大纲里,在24小时的周课时里平均有15小时是属于外语课程的;而到了1929年,巴西帝国时期教授的五种外语仅剩下两种(见图4.1)。

---

[1] 1889年巴西发生政变之后,巴西帝国被推翻,巴西由君主立宪政体转为共和政体,国家的名称变为巴西合众国(República dos Estados Unidos do Brasil)。一直到1967年,这一名称才改为今天的巴西联邦共和国。

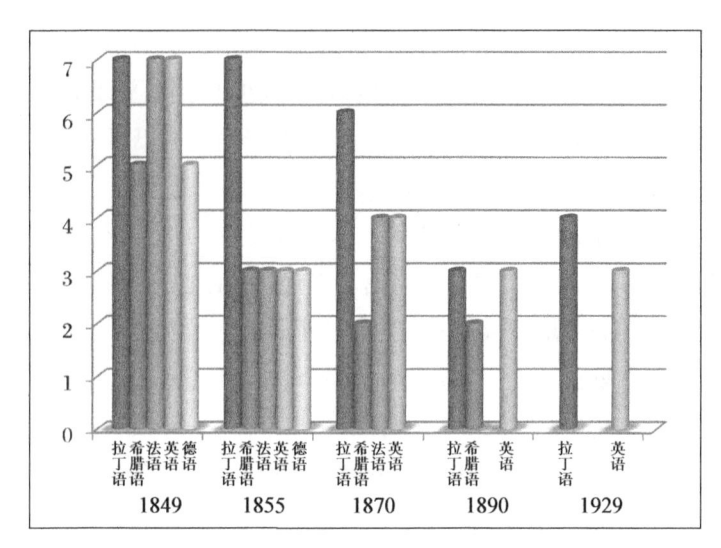

图 4.1　1849—1929 年巴西外语教育演变（Day 2012）

这种对外语教育的忽视直到 1942 年的卡帕内马改革（Reforma Capanema）才有所改变。尽管当时的巴西处于中央集权和专制统治时期，并且政府压制南部的德国和意大利后裔开办的学校，但卡帕内马改革将学校的外语课程周学时提升至 35 小时，当时教授的外语包括拉丁语、法语、英语和西班牙语。从历史的角度来看，20 世纪四五十年代的卡帕内马改革时期是巴西外语教育史上的黄金年代（Leffa 1998）。

但随后不久，1961 年巴西即出台《教育基本法》（Lei de Diretrizes e Bases，简称 LDB），强调教育管理的权力下放，直接影响到外语教育：外语课程不再是必修课，而由各州的教育委员会来决定。此外，在地缘政治层面，随着二战后美国在经济、政治和军事领域的崛起，英语在巴西国内的地位日渐凸显，私立英语学校在当时遍地开花；同时，法国和德国的经济、文化影响逐步下降，也导致学习法语和德语的需求降低。1971 年颁布的第 5692 号法律将外语教育的决定权交给各个学校，导致很多学校不再提供外语教学，或将外语课程的周课时减至仅一小时。巴西的这一做法与当时全球应用语言学研究、外语教育研究的蓬勃发展形成了鲜明对比，忽略了当时巴西社会各界对外语学习的需求。这不仅严重影响了学校的外语教育质量，更是让人们逐渐形成了正规教育不需要学习外语的"共识"。从图 4.2 可以看出，在近 30 年的时间里，巴西的外语教育从秉承多语言、多文化的语言政策变为 20 世纪六七十年代的全面衰退，直到 90 年代中期，外语教育才重新回归，但呈现出英语一家独大的语言霸权局面。

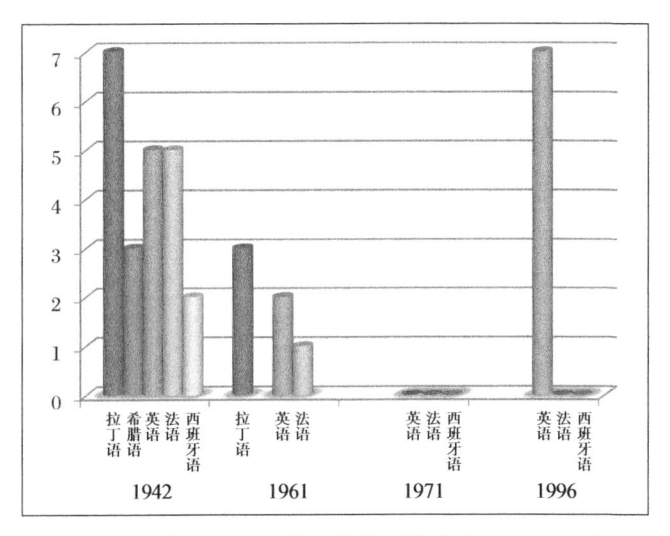

图 4.2 卡帕内马改革后的外语教育（Day 2012）

4.1.2 现行法律文件

1996 年修订后颁布的巴西《国家教育指导方针与基本法》是巴西教育领域的最高法律文件，对全国的外语教育进行了明确规定：[1]

> 第 24 条 对于不同年级、具有同等教学进度的学生，可以组织专门的班级进行外语、艺术或其他教学大纲规定的课程的教学。
>
> 第 26 条第 5 款 在全国初等教育课程大纲多元板块中，自五年

---

[1] 数据来源：https://www2.senado.leg.br/bdsf/bitstream/handle/id/70320/65.pdf （2023 年 7 月 1 日读取）。

级起，必须至少将一门现代外语课程纳入教学，所授语种可由学校或社区选择。

第36条 在中等教育阶段，将一门现代外语列入必修课，语种可由学校或社区选择，另外，可以根据学校的实际情况，开设一门外语选修课。

从以上条款可以看出，外语在巴西国民教育的初等和中等教育阶段是一门必修课程。并且，该法律将外语课程列入课程大纲"多元板块"，也就是说，各地区可以有所不同，这说明巴西政府重视地区差异，强调教育体系要与当地的具体条件和实际需求相符合。此外，该法律重视多语言教育，一定程度上反映出巴西强调语言和文化多样性的语言政策特点。巴西政府通过教育手段保障少数民族群体保护和发展本民族语言的权利，例如，一个由德国移民后裔组成的社区，可以选择将德语作为社区学校的一门外语课程（Rangel 2022：31-47）。

《国家课程大纲标准（初等教育第三和第四阶段）：外语》对巴西公立学校的外语教学做出了相关指示，重申当地社区选择外语课程语种的权利，并明确了选择语种时应考虑历史背景、社区条件、传统习惯等因素。历史背景主要是指某种外语在国家某个历史阶段起过重要作用；社区条件是指该社区有原住民或移民后裔群体；传统习惯是指某种语言曾经在与巴西的文化交流中扮演重要角色。该文件指出，在选择语种时，一方面要考虑语言的教育价值和文化价值；另一方面，要考虑社会的语言需求和经济优先事项，也就是说，要选择在某个特定历史时期具有经济和地缘政治意义的语言（MEC 1998：22-41）。这也就解释了英语和西班牙语目前在巴西的地位。由此可以看出，巴西的语言政策兼顾两个维度：一是承认外语学习在推动社会人性化方面的价值（显性政策）；二是突出语言教育政策的实用主义特征（隐性政策），并且这种实用主义观反映在诸多语言教育实践中。

1999年，巴西教育部中等和技术教育司颁布《国家中等教育课程大纲标准》，其中八页内容有关中等教育外语课程，强调语言学习的重要性并明确指出现代外语课程所需培养的能力和技能。该文件重申了社区选择外语语种的权利，旨在维护巴西种族多样性，并且突出英语在巴西教育体系中的地位以及西班牙语的地缘政治重要性，肯定语言教育与就业市场之间的关系（MEC 1999：146-153）。文件指出，英语和西班牙语在国民职业生涯中扮演着重要角色，因此，有必要将就业市场的现实需求与学校的课程挂钩，使学生在中学阶段获得实际工作所需的知识和技能。由此可以看出，自20世纪90年代起，巴西政府逐步重视中等教育的就业导向性。

2002年，巴西教育部中等和技术教育司颁布了《国家中等教育课程大纲标准》的补充文件，该文件用44页的篇幅对中等教育中的外语教学和学习进行了规定。文件指出，中等教育中的外语学习将在初等教育的基础上进一步提升学生的外语水平和能力，使学生能够应对日常生活、学术和职业场景中的多元需求。文件为中等教育中的外语教学提供了方法指导，并再次强调语言学习与国家的语言和种族多样性之间的关系，以及中学外语学习与就业之间的关系（MEC 2002：93-137）。文件并未具体指明哪些外语应纳入课程大纲，但重申了外语学习在生活、学习和职业方面对高中毕业生的重要影响，提出语言教育的目的是促进就业。

2008年，巴西教育部基础教育司颁布新的中等教育指导文件，名为《中等教育课程大纲指南》（Orientações curriculares para o Ensino Médio），该指南是继《国家教育指导方针与基本法》出台后巴西政府颁布的首个以官方文件形式明确将西班牙语列入外语教学的指导文件。文件的第一部分"语言、符号及其技术"包含两个章节：外语学习、西班牙语学习。在"西班牙语学习"这一章节中，文件指出：依据2005年8月5日颁布的第11161号法律，自2010年8月起，巴西公立和私立中学必须开设西班牙语课程，并将其纳入初等教育第五至八年级课程大纲。这一章节旨在为中学西班牙语课程指定全国通用课程大纲指南（MEC 2008：85-164）。

值得注意的是，第11161号法律仅要求学校必须开设西班牙语课程，并没有对学生选报该课程做出规定。这是为了避免与《国家教育指导方针与基本法》的第 26 条和第 36 条关于学校所在社区选择外语语种的内容相冲突。第 11161 号法律确立了巴西在外语学习方面的语言政策，其核心有两点：首先，该法律强调多语言环境的重要性，将选择学习语种的权利交给社会或者个人；其次，从经济和地缘政治的视角出发，鼓励对关键语言的学习，允许个人在几种重要的语言中做出选择。

4.1.3　政策实施情况

上文从法律文本角度探讨了巴西外语教育的相关规定。接下来，我们将从巴西国家中等教育水平测试和《国家教材计划》两个维度，分析巴西外语教育政策的实施情况。

根据《国家教育指导方针与基本法》的规定，巴西从 1998 年开始执行全国统一的高考，在前 12 年即 1998 年至 2009 年的高考中，由于《国家教育指导方针与基本法》并没有明确规定中学阶段应学习的外语语种，因此该时期的高考并未包含外语考试。直到 2005 年第 11161 号法律对西班牙语教学做出明确规定后，自 2010 年起的高考才将外语考试纳入其中，并且允许考生从英语和西班牙语两种外语中选择一种。虽然巴西政府并未颁布任何有关英语教学和学习的语言政策，但高考将英语默认为与西班牙语一样具有经济和地缘政治价值的语言。

《国家教材计划》始于 1929 年，旨在为公立学校的学生提供高质量的教材，以及推动教材出版市场的发展。一般来说，该教材计划涵盖初等教育课程大纲里的科目，例如葡萄牙语、数学、科学、历史、地理等。然而，2011 年的教材计划将现代外语纳入其中，包括英语和西班牙语两个科目。与高考的相关文件一样，该教材计划并未说明选择这两种语言的理由，仅仅是在默认其重要性的基础上为全国的公立初等教育学校提供这两种语言的教材。

正如 Shohamy（2006）所言，从高考的外语考试可以看出，巴西政府向国民传递了一个清晰的信息，即应该对某些外语给予重视。不管是高考还是《国家教材计划》都表明巴西政府对英语和西班牙语给予了一定程度的"合法地位",同时也削弱了其他语言的重要性。

综上所述,从巴西高考和《国家教材计划》等相关实践中可以看出,巴西的外语教育政策存在一定的矛盾性:一方面,《国家教育指导方针与基本法》肯定国家的种族和语言多样性,并且允许学校所在社区选择外语语种;另一方面,巴西政府通过正式文件确定了西班牙语的地位,将其作为必修科目,同时也在一定程度上强调了英语的重要性。

4.1.4 高等教育中的外语教育

在巴西,许多大学开设了外语专业课程。以圣保罗大学为例,其本科专业包括德语、阿拉伯语、亚美尼亚语、汉语、西班牙语、法语、希腊语、希伯来语、英语、意大利语、日语、拉丁语和俄语。对于研究生教育,圣保罗大学开设了英语、德语、西班牙语、意大利语、日语语言文学专业,以及古典语言、外语研究与翻译专业。此外,圣保罗大学哲学、语言与人文科学学院下辖的语言中心,不仅为大学及其社区成员提供各类语言课程、讲座和工作坊,其中涵盖西班牙语、英语、法语、意大利语和日语,而且也开设了旨在提高语言教学质量的语言教育研究中心。这里不仅为大学内外人士提供短期外语课程,还为所有本科生提供免费英语课程。此外,该中心还负责开展外语教学法、学习策略以及外语教师培训相关的学术研究。

在巴西利亚大学,除了设有多样的外语专业外,该校还特设培养日语、西班牙语、法语和英语教师的师范类专业。同时,该大学设立了语言中心,向校内学生及社会各界成年人提供包括德语、西班牙语、法语、希腊语、英语、意大利语、日语及汉语在内的多元语言课程。

在米纳斯吉拉斯联邦大学,本科除了法语、意大利语、西班牙语、英语、德语、古典语、葡萄牙语-法语翻译、葡萄牙语-希腊语翻译、葡萄牙语-英语翻译、葡萄牙语-意大利语翻译、葡萄牙语-拉丁语翻译、葡萄牙语-德语翻译、葡萄牙语-西班牙语翻译专业之外,还设有英语师范专业,以及葡萄牙语+法语、葡萄牙语+意大利语、葡萄牙语+西班牙语、葡萄牙语+德语师范类双学位专业。该校文学院下设语言培训中心，为本校和所在社区14岁以上的居民提供语言课程，例如德语、西班牙语、法语、英语、意大利语、拉丁语和希腊语。

总体来说，高校的外语专业可分为本科和研究生两个教育层次，本科阶段以培养语言技能和了解对象国文学、文化和历史等国情为主要内容，研究生阶段以语言文学、翻译、语言学等为主要研究方向。此外，高校还设有语言培训中心，以满足本校和所在社区的外语学习需求。

近年来，随着中国与巴西的交往合作日益密切，巴西出现了"汉语热"，越来越多的巴西民众对中国语言文化和国情感兴趣，不少高校开设了汉语、中国文化、中国国情、中巴关系研究等课程。下一节将对巴西的汉语教育情况进行梳理和总结。

4.1.5　巴西汉语教育

19世纪初，中国南方的一批茶农前往巴西里约热内卢种植茶叶。这不仅标志着中国向巴西移民历程的开端，也开启了中巴两国间交流的历史。1882年，中国移民贸易公司在里约热内卢的成立象征着中国移民在巴西社会经济领域确立了自己的地位。1919年巴西中国社会中心的建立，体现了在巴西的中国移民为保持和传承中国语言、文化和传统所做出的努力。该中心向中国移民后裔教授汉语、文化等课程，成为早期巴西汉语教育的重要机构之一。

1974年8月15日，中国与巴西建立外交关系。1993年，两国建立战略伙伴关系。2012年，两国关系提升为全面战略伙伴关系。同为发展中大国和重要新兴市场国家，中巴两国在经贸、政治、文化、科技等领域保持着密切合作关系，市场对精通汉葡双语人才的需求也不断增加。面对巴西兴起的"汉语热"，2008年第一所孔子学院在巴西圣保罗州立大学开设。截至目前，巴西共有12所孔子学院和6个孔子课堂（见表4.1）。

表 4.1　巴西孔子学院和孔子课堂一览[1]

孔子学院/课堂名称	合作机构	开设时间
圣保罗州立大学孔子学院	湖北大学	2008.11
巴西利亚大学孔子学院	大连外国语大学	2010.03
里约热内卢天主教大学孔子学院	河北大学	2011.09
南大河联邦大学孔子学院	中国传媒大学	2012.04
FAAP 孔子学院	对外经济贸易大学	2012.07
伯南布哥大学孔子学院	中央财经大学	2013.06
米纳斯吉拉斯联邦大学孔子学院	华中科技大学	2013.11
坎皮纳斯州立大学孔子学院	北京交通大学	2014.07
帕拉州立大学孔子学院	山东师范大学	2014.07
塞阿拉联邦大学孔子学院*	南开大学	2014.07
戈亚斯联邦大学中医孔子学院*	天津外国语大学、河北中医学院（现河北中医药大学）	2022.12
巴伊亚联邦大学孔子学院	上海大学	2023.09
圣保罗亚洲文化中心孔子课堂	国务院侨务办公室	2008.06
华光语言文化中心孔子课堂		2011.11
亚文伊瓜苏孔子课堂	亚文中心、UDC 综合私立大学	2014.10
伯南布哥天主教大学孔子课堂	伯南布哥大学孔子学院	2015.06
伯南布哥圣玛利亚学校孔子课堂	伯南布哥大学孔子学院	2015.06
弗鲁米嫩塞联邦大学孔子课堂	河北师范大学	2018.08

注：* 网页数据截至 2018 年 10 月。此两所新设立的孔院由笔者补充。

巴西是拉丁美洲地区设立孔子学院和孔子课堂最多的国家，孔子学院日渐成为巴西人民了解中国语言和文化的窗口，为推动两国间的人文交流起

[1] 资料来源：https://www.pishu.com.cn/skwx_ps/multimedia/ImageDetail?SiteID=14&ID=13195856&ContentType=MultimediaImageContentType（2024 年 3 月 1 日读取）。

到了重要作用。下面以巴西首所孔子学院——圣保罗州立大学孔子学院以及FAAP孔子学院为例，分析孔子学院在促进巴西汉语教育方面开展的工作。

自2008年成立以来，圣保罗州立大学孔子学院一直在圣保罗州甚至巴西全境积极拓展教学点，开设汉语课程，传播中国文化，曾被时任国务院副总理刘延东称为"世界上最好的孔子学院"。[1] 作为巴西办学条件最好和规模最大的孔子学院，该机构在帮助巴西民众学习汉语、了解中国文化以及促进两国人文交流方面发挥着示范作用。截至2018年8月底，该孔子学院在全州设立13个教学点，遍布11座城市，累计培训学员超过6,000人次。开设的汉语课程种类多样，包括初级班、中级班、高级班、HSK考试班以及与博图卡图市政府联合开办的中小学免费汉语课程等，为各类学生长期高效地学习汉语和了解中国文化提供了有力保障。此外，商务汉语、太极拳、中国文化概况、幼儿汉语等特色课程满足了不同群体的学习需求。该孔子学院在马拉尼昂联邦大学开设的新教学点，刚开学就有500人报名学习汉语课程，可见巴西民众学习汉语热情高涨（张翔2019：143-159）。

除了教授汉语，圣保罗州立大学孔子学院还举办丰富多彩的文化活动，借此宣传和展示中国的传统文化底蕴，例如春节庆祝活动、元宵灯会、端午节汉字文化展等。该孔子学院不断创新形式，从不同角度推广中国文化，例如与圣保罗文化中心和圣保罗电影局合作举办中国电影展，目前该活动已成为当地的中国文化品牌活动，在圣保罗州各类大型文化活动中享有盛誉。此外，该孔子学院通过提供奖学金的形式组织巴西学生来华交流，让他们参与汉语、烹饪、中医、书画、舞蹈等课程和活动，亲身体验中国文化。圣保罗州立大学孔子学院还承担着协办孔子学院院刊中葡双语版本的重要任务，帮助巴西人民更好地了解中国文化和中国国情。

FAAP孔子学院是巴西FAAP高等教育中心与我国对外经济贸易大学合作，于2012年7月在南美最大的商业城市——圣保罗开设的巴西第一所特色鲜明的商务孔子学院。该学院在帮助中资企业的巴西员工学习商务

---

[1] 国际在线：《刘延东副总理到访巴西圣保罗孔子学院》，https://news.cri.cn/uc-eco/20160804/23c9348d-b0bb-523d-9cc4-869f7ad9a4f6.html(2024年2月29日读取)。

汉语和了解中国商务环境、企业文化培训等方面起到了重要作用。

孔子学院在巴西的影响日益扩大，然而，在其发展过程中仍然存在一些问题。首先，在师资方面，精通中葡双语的师资仍然匮乏，一定程度上成为制约孔子学院开展汉语教学和文化传播的瓶颈。巴西国民的英语普及率较低，孔子学院的学生大多英语水平欠佳，而孔子学院中能够熟练掌握葡萄牙语的教师和志愿者更是凤毛麟角。正如2014年7月时任国家汉办主任许琳在考察巴西伯南布哥大学孔子学院时所说，"目前不能在巴西过多开设孔子学院的原因不是资金问题，而是缺乏既懂汉语教学又懂葡语的教师"。[1] 其次，教学资源整合率仍比较低，文化传播渠道仍须多样化。目前，孔子学院开设的课程多为面授形式，在线课堂和网络孔子学院的普及率不高，因此可以依托新技术、根据学生的多元需求提供更具个性化、突破时空限制的教学服务；孔子学院举办的大多数文化活动仍限于书法、太极拳、剪纸等方面，可以创新活动形式和内容，让当地人有更多的机会了解中国文化的丰富性。此外，孔子学院还须加大社区宣传力度，简化课程注册手续等，从而扩大中国文化的传播力度和范围。随着中巴两国在政治、经贸、文化、科技等领域的交流合作日益密切，孔子学院应担负起新时代的使命，讲好中国故事，传播好中国声音，把中国介绍给世界。

除了孔子学院这个有效平台，高校开设的本科汉语专业、研究生中国问题研究专业以及语言中心举办的汉语培训也是培养汉语人才的重要渠道。例如，巴西圣保罗大学的汉语本科专业共计4学年，须修满3,300学时，其中理论课2,040学时，实践课1,260学时。理论课学时包含必修课1,200学时和选修课840学时；实践课学时包含必修实践1,080学时和选修实践180学时。从学分方面来看，4年内学生须修满178学分，具体包括基础阶段通识必修课32学分、汉语专业必修课84学分、选修课62学分。在62学分的选修课里，学生可以选修50学分的院级平台课和12学分的校级平台课（见表4.2）。

---

[1] 中国侨网：《巴西将再添3所孔子学院 汉语教师短缺成"瓶颈"》，https://www.chinaqw.com/hwjy/2014/07-21/10740.shtml（2024年2月28日读取）。

表 4.2 圣保罗大学汉语本科专业课程设置 [1]

课程性质	开设学期	课程名称	理论课程学分	实践学分	学时
必修课	1	古典学导论 1	4	0	60
		葡萄牙语研究导论 1	4	0	60
		语言学要素 1	4	0	60
		文学研究导论 1	4	0	60
	2	古典学导论 2	4	0	60
		葡萄牙语研究导论 2	4	0	60
		语言学要素 2	4	0	60
		文学研究导论 2	4	0	60
	3	中国文化 1	2	2	90
		汉语 1	6	4	210
	4	中国文化 2	2	2	90
		汉语 2	6	4	210
	5	中国现代文学 1	2	2	90
		汉语 3	6	4	210
	6	中国现代文学 2	2	2	90
		汉语 4	6	4	210
	7	中国古典文学 1	2	2	90
		汉语 5	6	4	210
	8	中国古典文学 2	2	2	90
		汉语 6	6	4	210

（续下表）

---

[1] 资料来源：https://uspdigital.usp.br/jupiterweb/listarGradeCurricular?codcg=8&codcur=8051&codhab=1302&tipo=N (2023 年 7 月 1 日读取)。

（接上表）

课程性质	开设学期	课程名称	理论课程学分	实践学分	学时
选修课	3	中国思想史 1	4	2	120
		中国谚语 1	2	2	90
		汉葡翻译 1	2	2	90
		中国传统艺术 1	2	2	90
		中国神话 1	2	2	90
	4	中国思想史 2	4	2	120
		中国谚语 2	2	2	90
		汉葡翻译 2	2	2	90
		中国传统艺术 2	2	2	90
	5	中国古典语言概论 1	2	2	90
		中国古典文学 3	2	2	90
		韩国文化 1	2	2	90
		韩语教学理论与实践 1	2	2	90
	6	中国古典语言概论 2	2	2	90
		中国古典文学 4	2	2	90
		韩国文化 2	2	2	90
		韩语教学理论与实践 2	2	2	90
		文学：跨学科对话 1	2	2	90
	7	中国现代文学 3	2	2	90
		中国古典语言概论 3	2	2	90
		汉语 7	4	2	120
		东方语言文学论文写作 1	2	10	330
		文学：跨学科对话 2	2	2	90

（续下表）

(接上表)

课程性质	开设学期	课程名称	理论课程学分	实践学分	学时
选修课	8	中国现代文学 4	2	2	90
		中国古典语言概论 4	2	2	90
		汉语 8	4	2	120
		东方语言文学论文写作 2	2	10	330

  中巴双方联合创办的葡中双语学校也是巴西汉语教育的一个范例。里约热内卢葡中双语学校成立于 2014 年，是里约热内卢州教育厅与我国河北师范大学共同创办的巴西境内第一所葡中双语教学、以理工科尤其是数学教育为特色的普通高中。这所学校以巴西历史上著名的数学家若阿金·戈麦斯·德索萨（Joaquim Gomes de Souza）的名字命名。2015 年 2 月学校正式启动时，里约州教育厅从 200 余个报名者中招聘了 20 位教师教授普通高中课程，中文教学方面的教师由河北师范大学派出。[1] 第一批招收了三个班共 72 名学生，八年后，在校生总数为 360 人左右，第九届新生人数达到 125 人，分为四个班。建校八年多来，已经有不少学生通过汉语水平考试（HSK）、汉语水平口语考试（HSKK），还有学生参加"汉语桥"比赛获得奖学金前往中国学习。由于连续几届都有数十名学生考入里约州立大学等巴西著名高校，该校 2022 年 9 月在巴西教育部基础教育发展指数评估中获得里约州第一的排名。正如里约州教育厅战略项目处负责人雅克琳娜·里贝罗（Jacqueline Ribeiro）所说，这所学校是里约州内第一所跨文化学校，起到了先锋作用。[2]

  通过分析巴西基础教育阶段和高等教育阶段的外语（包括汉语）教育，可以总结出如下特点：巴西强制性外语教学要求低，有利于不同专长

---

[1] 新浪网：《里约州葡中双语学校正式启动》，https://news.sina.com.cn/o/p/2015-02-10/081731502710.shtml（2024 年 2 月 1 日读取）。

[2] 新华网：《通讯：备受巴西孩子青睐的葡中双语学校》，http://www.news.cn/world/2023-02/15/c_1129366647.htm（2024 年 2 月 1 日读取）。

的学生的发展；通过建立课外学习机制，学生被赋予更多的学习自主权；高校外语专业教学重视对语言学以及文学理论基础知识、基础语言能力的掌握和培养。这些特点共同构成了巴西外交官能够至少掌握英语、法语和西班牙语等多种语言的明显优势。同时，巴西的学校外语教育面临一些显著挑战，包括教学资源匮乏、师资质量参差不齐、教学手段比较落后以及教学效果不甚理想。此外，不同地区之间的经济发展水平差异也导致了教育资源的不平等分配。值得注意的是，优质的校外外语教育资源往往价格昂贵，超出了普通家庭的承受范围（叶志良 2014）。

4.2 巴西国家通用语国际拓展

进入 21 世纪以来，葡萄牙语在世界语言舞台上的地位日益凸显，越来越多的人参与到葡萄牙语的教学和学习中来，这得益于葡萄牙语国家，尤其是巴西、安哥拉、莫桑比克等国在经济、政治和文化领域的影响力不断提升（Mendes 2019）。葡萄牙语国家共同体设立专门的机构——葡萄牙语国际研究院来宣传、保护和推广葡萄牙语，促进其在文化、教育、信息、科技、国际会议等领域的使用。全球约 2.6 亿人使用葡萄牙语，其中巴西人近 2 亿。基于其国土面积、人口数量、经济体量、国际影响力等，巴西成为葡萄牙语国家中开展葡萄牙语国际拓展的重要成员。本节将从葡萄牙语国际拓展机构、巴西葡萄牙语水平测试、对外葡萄牙语师资培养等三个方面入手，分析巴西国家通用语的国际拓展实践。

4.2.1 葡萄牙语国际拓展机构

巴西外交部下设的吉马良斯·罗萨学院是巴西政府专门负责文化外交的机构。该学院通过推动境外的文化、教育、葡萄牙语等层面的活动，来促进国家在外交政策领域的发展。吉马良斯·罗萨学院的前身是巴西外交部文化教育司；2022 年 3 月 31 日，随着第 11024 号政令的颁布，巴西外交部设立该学院以取代原文化教育司。实际上，巴西外交部早在 1946

年就设立了专门的文化外交部门，2022年正值巴西脱离葡萄牙殖民统治、获得独立200周年，为了纪念巴西著名的作家和外交家若昂·吉马良斯·罗萨（João Guimarães Rosa），重申艺术、文化和国家语言在外交政策中的作用，外交部将文化外交机构予以更名和重组。学院下设四个处，即巴西文化促进处、文化多边事务处、教育合作处和葡萄牙语处。

为促进葡萄牙语的海外推广，总部位于首都巴西利亚的吉马良斯·罗萨学院还在国外设立了一个庞大的运营网络，目前涵盖24个分院、6个驻外使领馆的巴西研究中心、40个外派葡萄牙语教席。此外，巴西220个驻外使领馆都肩负着落实吉马良斯·罗萨学院推动的文化外交项目的责任。[1] 吉马良斯·罗萨学院的这些海外分支机构为旅居海外的巴西移民社区提供葡萄牙语作为遗产语言的培训课程，以及其他语言普及活动，并且组织面向外国人的葡萄牙语培训活动、巴西葡萄牙语水平测试、舞蹈课程、音乐课程、烹饪课程等文化宣传项目。吉马良斯·罗萨学院海外教席始于1953年，是巴西外交部与巴西高等教育人员促进会共同主导的项目，通过向国外高校派遣语言教师推动该校的葡萄牙语、巴西文学和文化的教育及研究工作。此外，外派教师在国际顶尖学术机构任职，可以加强巴西与国外高校的交流合作，从而提升巴西高等教育的国际化。海外教席项目实施70多年来，共有400多名巴西籍教师被派遣到国外，其中包括曾在罗马大学任教的塞尔吉奥·布阿戈·德奥兰达（Sérgio Buarque de Holanda）、里斯本大学的阿尔瓦罗·林斯（Álvaro Lins）以及墨西哥大学的西罗·多斯安热斯（Cyro dos Anjos）等巴西知名学者。目前，约有40名外派教师在美洲、非洲、亚洲和欧洲的30个国家工作。

以位于巴拉圭首都亚松森的吉马良斯·罗萨学院为例，该学院拥有完善的基础设施和技术、图书、管理团队，以及一支高素质的教师队伍，已成为南美地区最重要的葡萄牙语和巴西文化促进机构之一，并且为推动巴西与巴拉圭的双边关系做出了贡献。2016年9月，该学院启动了对外葡

---

1 详情参见：https://www.gov.br/mre/pt-br/assuntos/cultura-e-educacao/instituto-guimaraes-rosa（2023年7月1日读取）。

萄牙语教师培训试点项目，旨在为巴拉圭培养从事葡萄牙语教学的本土教师。在巴拉圭，葡萄牙语是继西班牙语和瓜拉尼语之后的第三大语言，因此存在庞大的葡萄牙语学习者群体。吉马良斯·罗萨学院总部正努力将这一试点项目推广至其所有的分院。

除了巴西外交部的吉马良斯·罗萨学院这一直接负责葡萄牙语海外拓展的机构，巴西教育部也一定程度上间接参与国外葡萄牙语推广政策的制定和实施。例如，教育部下设的阿尼西奥·特谢拉国家教育研究院是巴西葡萄牙语水平测试的组织和实施机构。虽然该测试是阿尼西奥·特谢拉国家教育研究院和巴西外交部联合举办的，但从测试制定标准到执行考务的一系列关键环节，主要由前者负责统筹与协调。

在多边层面，葡萄牙语国家共同体的下设机构葡萄牙语国际研究院开展的一系列葡萄牙语国际推广活动都离不开巴西的积极参与和支持。例如，2004年共同体通过了葡萄牙提出的新版《正字法协定》，其目的是对各国混乱的葡萄牙语拼写进行统一，由此开启了葡萄牙语的规范化历程。2010年，葡萄牙语国家共同体在巴西利亚举办首届国际葡萄牙语未来大会（Conferência Internacional sobre o Futuro da Língua Portuguesa no Sistema Mundial），会议通过了《巴西利亚行动计划》（Plano de Ação de Brasília），这是第一份关于葡萄牙语在世界范围内的推广、传播和规划的政策文件。之后的2013年、2016年和2021年，第二、三、四届国际葡萄牙语未来大会先后在葡萄牙的里斯本、东帝汶的帝力以及佛得角的普拉亚举办，会议分别通过了《里斯本行动计划》（Plano de Ação de Lisboa）、《帝力行动计划》（Plano de Ação de Díli）和《普拉亚行动计划》（Plano de Ação da Praia）这三份重要文件。这一系列文件得到了葡萄牙语国家元首和政府首脑会议的赞成，共同确定了葡萄牙语国家共同体推广和传播葡萄牙语的全球战略。此外，自2010年起，共同体成员国在每年的5月5日庆祝葡语和文化日。2019年11月，联合国教科文组织第四十届大会正式确定5月5日为世界葡萄牙语日。葡萄牙语国家共同体在国际组织、国际活动、多边论坛中推广使用葡萄牙语。例如，联合国、欧盟、国际劳工组织、世界卫生组织、非盟、西非国家经济共同体、欧亚经济共同体、南部非洲发展共同体和西非经济货币联盟等20多个重要国际和区域组织已将葡萄牙语列为官方语言或工作语言。葡萄牙语国家共同体对国际组织中的笔译员和口译员进行专门培训，鼓励使用葡萄牙语的年轻人进入国际机构工作。这些举动不仅增强了葡萄牙语在世界体系中的影响，提高了其地位，还体现了国际社会对葡萄牙语的认可，并在全球范围内突出了葡萄牙语的价值，也展现了葡萄牙语国家共同体成员国在政治和外交上长久的共同努力。巴西作为葡萄牙语国家共同体的创始成员国之一，一直在多边行动中发挥着重要作用，为葡萄牙语的国际拓展贡献着力量（王豪、杨茁2022）。

4.2.2　巴西葡萄牙语水平测试

巴西葡萄牙语水平测试[1]是对母语不是葡萄牙语的外国人进行的葡萄牙语水平测试，是由巴西教育部主办、巴西阿尼西奥·特谢拉国家教育研究院承办、巴西外交部协办的在巴西境内和其他国家开展的语言测试。Celpe-Bras证书是巴西政府官方认可的唯一葡萄牙语水平测试证书。在国际上，该证书被企业和教育机构认定为葡萄牙语专业水平的证明。在巴西，各大学要求攻读本科或研究生课程的外国人必须持有Celpe-Bras证书，对于打算在巴西就业的外国人来说，该证书可等效于职业文凭。对于计划移民巴西或到巴西求学、就业的外籍人员来说，持有该证书在办理出国签证时享有一定的优先权。

1998年第一期Celpe-Bras考试举办时仅有8个考点。截至2018年，全球共有126个Celpe-Bras考点，其中48个位于巴西境内，其余的78个考点遍布美洲、非洲、欧洲和亚洲。参与每期测试的考生从1998年的127名增至2018年10月的7,442名，历年来总计约11.3万人报名参加该测试。目前，中国共有三个指定的Celpe-Bras考点，分别位于北京外国语

1　为行文方便，下文使用其葡萄牙语简称Celpe-Bras。

大学、中国传媒大学和澳门大学。

　　Celpe-Bras 的试题由从事对外葡萄牙语教学与研究的巴西各大学的教师组成的考试委员会编写。该委员会负责对各考点的工作进行指导监督、对监考人员进行培训、编写试题、对考试进行协调和审查等。试题突出交际性，即不单纯通过有关语法、词汇的题目考查对语言知识的了解，而是考查语言的综合应用能力。考试内容贴近日常生活中常见的实际情景，虽然没有明确的有关语法或词汇的问题，但在口头或书面的测试中，这些因素都是考查的重要方面。考试分为笔试和口试两个部分。每道题目都包含一个明确的交际目的（口头或书面组织一篇表达抗议、抱怨、通知等内容的文章）和一个交际对象（可以是一份报纸、一个朋友或上司等），考查学生的口头或书面表达是否适合特定的交际场景。考试证书分为中级、中高级、高级和最高级等四个等级。考生的笔试成绩是主要参考成绩，证书等级是对笔试和口试的综合评定，而不是口试和笔试成绩的简单相加求平均分；也就是说，即使口试成绩为最高级，如果笔试达不到中级（证书的最低等级），考生也无法获得水平测试的证书。要获得最高级，考生须在口试和笔试中均获得最高级。等级的差异体现在考生在如下三方面的完成情况：文章（口头或书面）符合交际背景（包括是否达到交际目的、叙述方式和交际对象是否合适）；表达的连贯性和逻辑性；语言的准确性（包括词汇的运用和语法结构等）。

　　与葡萄牙不同，巴西没有颁布统一的对外葡萄牙语教学标准或指南文件，因此 Celpe-Bras 成为巴西境内和海外开展对外葡萄牙语教学的参考。很多学者围绕该测试展开研究，例如测试的信度和效度、Celpe-Bras 对对外葡萄牙语教学和教师培训的反拨作用、试题的结构与难度分析、测试作为语言政策工具在促进语言推广方面的作用，等等。这些研究都进一步推动了葡萄牙语在国际上的拓展。此外，Celpe-Bras 还成为另外两个语言水平测试——巴西手语水平测试（Certificado de Proficiência em Libras）、阿根廷西班牙语语言与使用测试（Certificado de Espanhol–Lengua y Uso，简称 CELU）制定的重要参考。尤其是阿根廷西班牙语语言与使用测试，它是阿根廷测试学术委员会与 Celpe-Bras 技术委员会双方共同合作的成果，其理论和技术原理与 Celpe-Bras 完全一样（Carvalho & Schlatter 2011）。Celpe-Bras 在推动拉美一体化上起到了重要的作用，使葡萄牙语成为除西班牙语外的另一种关键性语言，有助于推动拉美国家之间的科技传播和语言文化交流。不论是 Celpe-Bras 还是阿根廷西班牙语语言与使用测试，它们都是扩大巴西与南方共同市场国家和南锥体[1]国家教育及其他领域合作的关键政策工具。

Celpe-Bras 成为巴西语言政策的一个成功案例还体现在它对对外葡萄牙语教学产生的不同层面影响上，包括师资培训、课堂教学实践、课程大纲的制定、教材的编写等，因为该考试从不同方面颠覆了以往的语言教学观念。Celpe-Bras 从交际语用学和巴赫金言语体裁理论出发，在设计考试任务时注重模拟真实的交际场景，考查考生能否明确交际对象，并使用符合交际情景的言语体裁达成交际目的；在评估标准中重视考生建构有效对话的能力，要求其语言形式和信息使用都要服务于话语构建这一目的。这些都与认为语言学习就是基于语法规则、词汇记忆、填空练习、句型改写等的传统模式是大不相同的。Celpe-Bras 的推出促使许多巴西及海外院校开始重新审视其语言教学理论和方法，寻求更加注重语用理念和交际技能的教学实践。

4.2.3　对外葡萄牙语师资培养

目前，巴西有巴西利亚大学、巴伊亚联邦大学、坎皮纳斯州立大学和拉美一体化大学等四所大学开设对外葡萄牙语教师本科专业，但还远远无法满足葡萄牙语在全球拓展的需求。

2006 年，巴西外交部曾经支持过一个名为"对外葡萄牙语教师强化继续教育"（Programa de Formação Lntensiva Continuada em Português

---

[1] 南锥体（Cone Sul）是指南美洲最南部的一块区域，主要包括阿根廷、智利、乌拉圭三个国家，有时根据不同的地理或政治定义也会包括巴拉圭和巴西的南部地区。这一地区因其地理形态类似一个倒置的锥体而得名。

Língua Estrangeira，简称 PROFIC-PLE）的项目，这是由来自巴西不同高校的教师和研究者组织的、面向全球巴西文化中心教师的培训项目。2006年至2008年，项目的第一阶段主要在南美和加勒比地区的国家开展；2008年至2010年，项目第二阶段拓展至欧洲和非洲。在2009年，该项目还举办了一个针对全球外派教师的培训班。2010年年末，由于政府预算有限，该项目被迫停止，原本计划扩展至亚洲和中东地区的培训也未能成功举办。这从一个侧面反映了巴西政府在师资培养方面的政策和行动缺乏一定的稳定性和延续性。

自2010年起，随着海外巴西移民群体的不断壮大和对葡萄牙语作为遗产语言的学习需求的出现，巴西政府逐步意识到需要加大对葡萄牙语教师培养的投入，因为当时大多数旅居海外的巴西移民群体主要通过父母或对葡萄牙语教学感兴趣的人来学习语言，而这些充任教师的人几乎从未接受过专业的语言教学训练，无法满足移民群体的需求。在此背景下，巴西外交部、对外葡萄牙语国际协会（Sociedade Internacional de Português Língua Estrangeira，简称 SIPLE）和巴西利亚大学三方合作，共同发起了"葡萄牙语作为遗产语言的教师进阶培训"（Projeto POLH: Formação Continuada de Professores de Português Língua de Herança，简称 POLH）项目。2011年至2012年，该项目共组织了四次培训，其中三次在美国，这体现出美国的巴西移民群体对于传承葡萄牙语和巴西文化的强烈需求，先后约有180名教师参与了这三次培训。该项目原本计划至2013年扩展至八个国家，但同样由于预算不足而被迫中止。此后，海外的各移民群体或巴西文化中心开始自发组织类似的教师培训项目。

总体来说，在对外葡萄牙语师资培养方面，巴西政府并未制定明确的语言政策，而仅有一些零散的行动和项目，并且由于缺乏统一的指导和系统的跟踪，也无法对这些项目的实施效果和影响进行完整的评估。没有高质量的教师队伍就无法完成葡萄牙语的国际拓展，因此对外葡萄牙语师资培养将成为巴西文化外交的重要战略之一。

综上所述，在最近20年，尤其是在卢拉总统的前两个任期期间

（2003—2010年），巴西政府在外交政策中逐步重视葡萄牙语和巴西文化的推广，虽然采取了一些政策和措施，但正如巴西学者 Faraco（2012：31-50）所说，巴西的语言政策好比汽车"突然的启动和突然的刹车"，缺乏一定的延续性、系统性和有序性；此外，虽然巴西集聚了全球约85%的葡萄牙语使用人群，但是在葡萄牙语的国际拓展方面似乎并未发挥与之相称的作用。在与其他葡萄牙语国家开展的语言文化交流合作中，巴西也略显保守，尤其是与葡萄牙相比，似乎总是处于次要地位。例如，葡萄牙语国际研究院开展的"葡萄牙语常用正字法词汇"项目和"对外葡萄牙语教师网站"（Portal do Professor de Português Língua Estrangeira/Língua Não Materna，简称 PPPLE）项目都是依托网络技术，旨在促进葡萄牙语的世界传播；尽管巴西都参与其中，但始终保持一定程度的独立性，或者说对于多边框架下的政策保持一种距离感（Mendes 2019）。

  Oliveira（2012）认为，进入21世纪后，语言经济发生改变，我们需要重新理解由于社会变革和进步而出现的"新的语言经济"，通过调整语言市场来重置语言管理中心。而这种语言管理的调整过程会给全球的葡萄牙语发展带来新机遇，需要各方共同参与语言管理，以此确保葡萄牙语原有的多样性和丰富性，而不是造成分裂和分歧。在此背景下，巴西应该承担起领头羊的角色，制定更加积极、持久、有效的政策以促进葡萄牙语在世界范围内的传播和发展。Mendes（2019）提出如下建议：加强关于葡萄牙语在南美和加勒比地区、非洲、亚洲的传播的语言政策和规划，通过提升葡萄牙语在语言教育、人力资源和技术交流领域的影响，使之成为促进南南合作的有利推手；更加积极地参与关于拓展和传播葡萄牙语的多边合作项目，尤其是葡萄牙语国家共同体、葡萄牙语国际研究院开展的项目；制定统一的对外葡萄牙语教学大纲和参考，在巴西国内和国外推广，以满足多语言、多文化社会背景下的语言教学需求；在国内和国外开展专门的对外葡萄牙语师资培养，制定明确的政策对外派葡萄牙语教师进行考核；制定相关政策推广 Celpe-Bras，使之成为葡萄牙语全球拓展的重要机制，并加强该考试与其他国际葡萄牙语水平测试的对话交流，例如葡萄牙推出的国际葡萄牙语水平测试（Centro de Avaliação de Português Língua Estrangeira，简称CAPLE），促进葡萄牙语国家共同体框架下的考试交流与合作；制定相关语言政策推动巴西的高校与国外教育和科研机构的交流，一方面促进巴西高等教育的国际化，另一方面有助于葡萄牙语在全球的传播。

4.3　巴西国家语言人才资源掌控

巴西目前没有建设专门用途的国家级语言人才数据库，关于语言人才的数据一般由协会组织收集和分享，大致分为两类：高校口笔译专业教师、学生和研究者组织；职业口笔译译员组织。

第一类，以巴西翻译研究者协会（Associação Brasileira de Pesquisadores em Tradução，简称ABRAPT）为例。该协会成立于1992年，是由高校口笔译专业教师、学生和研究者组成的非营利性科研组织。协会旨在汇聚巴西各地的翻译研究人员，促进成员之间的有效沟通和合作，以便让所有成员参与翻译领域的相关工作；促进成员与国家教育机构和资助机构之间的有效沟通，以便让成员在讨论翻译活动、翻译研究相关的议题时发表意见；促进会议、出版、培训等活动的组织，并促进与国内外类似协会的联系和交流。该协会是巴西国家翻译者大会、巴西国际翻译者大会的主办方，还创办了包含巴西所有本科翻译专业信息的网页，[1]为巴西国内口笔译研究者之间以及与其他国家的翻译研究人员之间的交流合作做出了巨大贡献。依据协会的统计数据，巴西共有18所高校开设本科翻译专业，其中英葡、西葡翻译占较大比例。

第二类，以巴西译员协会（Associação Brasileira de Tradutores e Intérpretes，简称ABRATES）、全国翻译工会（Sindicato Nacional dos Tradutores，简称SINTRA）为例。巴西译员协会成立于1974年，是从事口笔译的人员自发结成的非营利性组织，旨在促进译员的职业发展、信息传播，以及推动与口笔译相关的各层面的交流。该协会汇聚了口笔译专

1　详情参见：http://www.abrapt.ileel.ufu.br/pt-br/outros-links/cursos（2023年7月1日读取）。

业人士和机构，通过举办培训班、组织会议、推介工作等方式，帮助成员提升职业素质，促进职业交流。协会推出翻译人员资格认证项目，通过为翻译人员提供专业能力证明、向客户提供基本的质量控制来加强对翻译行业和翻译人员的重视。该协会自 1976 年起加入国际翻译家联合会（Federação Internacional de Tradutores，简称 FIT），为其成员提供全球翻译市场的信息，并通过提供专业培训帮助他们达到国际职业要求。在巴西译员协会的努力之下，翻译这一职业于 1988 年获得巴西劳工部的认可，并为之后的全国翻译工会的成立奠定了基础。协会建立专门的"寻找译员"网页，[1] 成为汇集口笔译专业人士的信息资料库。

全国翻译工会的前身是成立于 20 世纪 70 年代的巴西戏剧作家协会，1988 年翻译职业得到认可后，全国翻译工会在里约热内卢组建，成为全国口笔译从业者的代表机构。自 2000 年起，全国翻译工会被纳入巴西劳工部职业总目录。该工会主要围绕以下三个方面开展活动。首先，寻求体面的报酬。全国翻译工会在与高薪专业人士协商的基础之上发布了一份译员报酬建议清单。长期以来，该清单一直是大型私营和上市公司支付翻译服务费用的指南，也是翻译从业人员提供报价的参考。虽然领取固定工资的译员占少数，但工会也为保护该群体的利益而制定了最低工资参考标准。其次，为图书译者争取著作权。尽管人们普遍认为译者是所译图书的共同作者，但出版社的通常做法是购买著作权并向译者支付翻译费用。为此，全国翻译工会致力于改变现状，为译者谋取更大的利益。最后，为解决译者与客户之间的纠纷提供援助。例如，工会为难以获取翻译服务费的译者提供帮助，维护译者的应得利益。工会的官网开设了口笔译从业者资源网页，[2] 目前工会约有 350 名会员，每月通过该网页查询译员的浏览次数超过 2,500 次。

此外，巴西国家地理统计局在最近三次（2000 年、2010 年、2022 年）全国人口普查中，在 2010 年将语言资源列入调查范围，对全国的原住民

---

[1] 详情参见：https://dash.abrates.com.br/tradutores/ (2023 年 7 月 1 日读取)。

[2] 详情参见：https://sintra.org.br/tradutores (2023 年 7 月 1 日读取)。

语言使用人数进行了统计，这是巴西国家地理统计局首次在人口普查中纳入语言资源这项内容。受新冠肺炎疫情的影响，巴西原本计划于 2020 年开展的全国人口普查延至 2022 年，而且没有涉及语言资源方面的内容。

4.4 巴西国家对外话语表述

文秋芳（2017：69）将国家话语能力概括为五个部分：话语战略事务管理能力，即政府处理话语战略事务的统筹能力，关键取决于国家是否有这一类的行政管理机构；国家领导人话语能力，即国家领导人在国内外公开场合代表政府处理国内外战略事务的说服能力，体现他们话语能力的载体包括在国内外重要场合下的讲话以及在国内外发表的重要文章；国家机构话语能力，即各政府部门运用语言宣传国家对内对外政策和处理国内外战略事务的能力，主要体现在国家颁布的各类文件、报告、白皮书中，以及由政府部门召开的各种新闻发布会上的讲话；国家媒体话语能力，即由政府机关负责的纸质媒体、广播、电视、新媒体等传播国家对内对外政策和处理国内外突发危机的能力；国家话语外译能力，即将国家领导人、国家机构和国家媒体话语翻译成其他国家文字的能力。这些能力被运用于国际事务中，即体现为国家话语表述能力。本节按照上述五个部分，对巴西国家对外话语表述进行梳理和概括。

4.4.1 话语战略事务管理能力

本届巴西联邦政府于 2023 年 1 月 1 日成立，目前共有 37 个部级单位，其中总统府新闻事务秘书处是巴西政府行使话语战略事务管理权的主要机构。该机构的根源可追溯到 1967 年，当时巴西政府颁布第 200 号法令，确立了关于设立联邦政府辅助机构的规定。1970 年，随着第 67611 号法令的出台，巴西政府成立"行政部门宣传系统"，旨在制定和实施相关政策，在国内层面调动和激发集体意志，号召民众一致为国家发展而努力；在国际层面，为让世界更好地了解巴西做出贡献。其核心部门是共和国总统特别公共关系办公室。九年后，政府依据第6650号法令设立了新闻事务秘书处，仍由总统府管辖。后来，该机构历经了数次变革和调整，直到2023年1月现任总统卢拉上台，通过颁布第11362号法令使其重新归于总统府的管辖。

总统府新闻事务秘书处的主要职责如下：制定并实施联邦行政部门的宣传和社会传播政策；在职权范围内制定、实施和协调旨在获取信息、行使权力、打击虚假信息和捍卫民主的行动；在职权范围内协助制定促进言论和新闻自由的政策；制定促进多元化和媒体多样性以及发展新闻业务的政策；协调和监督部际沟通以及联邦行政部门关于信息、宣传和政策推进等方面的行动；与媒体和宣传部门联络；统筹开展民意调查和其他行动，旨在评估公民通过数字渠道对联邦行政部门的总体情况、政府议题和政策所提的意见；协调、规范和监督联邦公共行政机构以及国家控制的公司（直接和间接）的广告和赞助；协调和巩固联邦行政部门在传播渠道中的宣传工作；与其他相关部门共同监督国家的对外宣传工作，以及总统府与国内外政府代表机构共同举行的活动；召开全国强制性电视和广播网络会议；协调总统府各部门与媒体的关系；对电子政务标准和联邦行政部门网站的制定和管理进行规范；制定适用于媒体立法的规则和指南；为总统的公开演讲提供辅助。[1]

此外，在巴西对外阐述其外交政策和重大外交活动层面，巴西外交部新闻办公室是主要执行机构。该机构负责协调巴西外交部与国内外媒体的关系，统筹外交部在数字平台的宣传工作，更新外交部在社交媒体上的概况信息，制定巴西驻外使领馆使用社交媒体的指导政策，组织关于外交部部长出访和外交部重大活动的新闻发布会，与总统府新闻事务秘书处协同组织关于总统出访和总统在国内参与的外交活动的新闻发布会。

---

1 详情参见：https://www.gov.br/secom/pt-br/acesso-a-informacao/institucional/competencias（2023年8月8日读取）。

4.4.2 国家领导人话语能力

巴西国家领导人的话语发布渠道主要以公开演讲和社交媒体为主。

1）公开演讲

国家领导人在公开场合发表演讲，是直接表达政治理念、展现国家形象的有力方式。巴西总统府新闻办公室是专门负责宣传与总统相关的所有新闻的部门，成立于1963年若昂·古拉尔特（João Goulart）总统执政时期。该部门本着透明、准确、快速的原则，宣传总统日程以及总统参与的政府计划、公共政策、会议、仪式、访问考察等信息。总统府新闻办公室在总统府官网开设了"领导人演讲和发言"专栏，[1]汇集总统和副总统在官方活动场合的公开演讲文字稿和录音。总统参与的官方活动由巴西政府电视台（TV Brasil Gov）进行实时播放，并且在总统府官网有文字、音频和视频报道。该办公室还负责统筹巴西国内外记者提出的采访请求，针对他们提出的问题给予回应，为其他公共机构提供相关文件，为总统府其他部门提供与新闻相关的支持。

2）社交媒体

根据Datareportal统计的数据，2023年年初，巴西有1.818亿互联网用户，互联网渗透率为84.3%；有2.21亿个手机活跃用户，这一数字相当于全国总人口的102.4%。近年来，巴西社交媒体发展迅速，截至2023年1月，社交媒体用户达1.524亿，相当于全国总人口的70.6%；18岁以上的社交媒体用户达1.457亿，占全国18岁以上人口的89.4%；更宽泛地说，巴西83.8%的互联网用户（不分年龄）至少活跃在一种社交媒体平台上；性别分布方面，女性占据了54.8%的份额，男性则占45.2%。[2]根据2021年《全球数字报告》（Digital Global Report）的统计，近三分之二的巴西人（64%）每周都会通过社交媒体获取新闻；而Datareportal统计的数据显示，目前YouTube已成为巴西最受欢迎的新闻消费社交媒体。

---

[1] 详情参见：https://www.gov.br/planalto/pt-br/acompanhe-o-planalto/discursos-e-pronunciamentos (2023年8月8日读取)。

[2] 详情参见：https://datareportal.com/reports/digital-2023-brazil (2023年8月9日读取)。

Instagram（35%）和 TikTok（12%）等新型视觉媒体在新闻中的使用率也大幅增加，而消息应用程序 WhatsApp（41%）和 Telegram（9%）仍然是讨论和分享新闻的重要方式。[1] 截至 2023 年年初，巴西主要社交媒体的用户数量如表 4.3 所示。

表 4.3　巴西主要社交媒体用户数量[2]

社交媒体名称	用户总数	男性用户占比	女性用户占比
YouTube	1.42 亿	48.1%	51.9%
Instagram	1.135 亿	42.1%	57.9%
Facebook	1.091 亿	45.7%	54.3%
TikTok	8,221 万	40%	60%
Twitter	2,430 万	54.4%	45.6%

巴西国家领导人借助社交媒体发表自己的执政理念，增加公众曝光度。例如，前总统雅伊尔·梅西亚斯·博索纳罗（Jair Messias Bolsonaro）就是社交媒体玩家，上任前他利用社交媒体宣传自己，为总统竞选拉票，获得了大批网络粉丝的支持；上任后他也频繁在社交媒体即时对时政发表评论、表达观点。现任总统卢拉在 Twitter、Facebook 和 Instagram 上均开设个人账号，在这三个平台上获得的点赞数通常分别为 8 万—40 万、1 万、5 万—20 万。卢拉总统还经常在 Instagram 上进行直播分享。社交媒体成为领导人话语的重要发布渠道之一。

4.4.3　国家机构话语能力

巴西重视政务和公共信息的公开、透明，2011 年 11 月 18 日颁布的第 12527 号法律——《信息获取法》（Lei de Acesso à Informação）规定了

1　详情参见：https://reutersinstitute.politics.ox.ac.uk/sites/default/files/2022-06/Digital_News-Report_2022.pdf（2023 年 8 月 8 日读取）。

2　详情参见：https://datareportal.com/reports/digital-2023-brazil（2023 年 8 月 9 日读取）。

公民获取联邦、州和市级立法、司法及行政机构公共信息的权利。这项法律是巴西朝着巩固民主制度和加强公共政策透明度迈出的重要一步。该法确立了一项基本原则，即获取公共信息是普遍规则，而保密只属于例外情况。为了确保充分行使1988年《巴西联邦共和国宪法》规定的知情权，《信息获取法》对公共部门按照公民要求提供信息的方式、日期和程序进行了规定。该法还规定，公共机构应主动通过互联网公开最低限度的信息清单。公民可以通过信息服务电子系统提交获取信息的请求。2017年6月26日颁布的第13460号联邦法律——《公共服务用户保护法》（Lei de Defesa dos Direitos do Usuário de Serviços Públicos），规定了公民享有参与和使用公共服务的权利以及服务用户受保护的权利。该法除了涵盖2011年第12527号法律规定的用户获取信息的权利外，还涉及公共服务用户的申诉、对公共行政的参与等内容。联邦监督总署是联邦行政部门内部监督系统的中心机构，负责开展内部监督、纠正和稽查以及其他提高透明度和反腐败的行动。该机构还负责监督公民向信息服务电子系统提出的信息获取要求，Fala BR.是联邦监督总署为公民提供的一个信息获取网络系统，用来管理根据《信息获取法》向联邦行政部门提出的信息获取请求和回复。

巴西政府的门户网站gov.br设有葡萄牙语、英语、西班牙语三个版本，通过该网站可以访问联邦政府的所有行政机构网页，查询联邦政府颁布的各类法律条文、政府文件、报告、讲话等。除了网站，联邦政府各机构还在社交媒体如Facebook、Twitter等平台开设了官方账号，实时发布重要的政务信息，并与公民进行互动。创办于1862年的《官方公报》（Diário Oficial da União）是联邦政府官方事务、政策、法律的发布平台，该公报还创建了手机客户端，便于用户更加便捷地了解国家和政府的相关信息。《国家新闻：公共传媒新路径》（Revista Imprensa Nacional – Novos Rumos da Comunicação Pública）杂志是巴西联邦政府于2017年创办的双月刊，有电子版和纸质版，发表的信息和文章大多与信息社会以及数字革命带来的社会经济、文化和技术变革问题有关。自2021年10月起，该杂志开辟了新的专刊《国家新闻：官方公报要点》(Revista Imprensa Nacional – Destaque do Diário Oficial da União)，对《官方公报》和联邦政府新闻机构、官方通讯社的相关信息和文章进行汇编。

4.4.4 国家媒体话语能力

巴西国家传媒公司（Empresa Brasil de Comunicação，简称 EBC）是根据 2008 年第 11652 号法律由巴西联邦政府开设的国有公司，该公司的成立旨在遵循联邦宪法的原则，增进国有、私有和公共传媒体系之间的互补性。巴西国家传媒公司通过制作和传播富有教育性、包容性、艺术性、文化性、信息性、科学性以及体现社会共同关心的话题、聚焦于公民的节目内容，扩大关于国内外事务的公共讨论，推动社会建设。该公司的经营管理秉持透明、平等、负责的原则，遵循《信息传播政策》(Política de Divulgação de Informações)、《道德法》(Código de Ética) 等政策和法律。公司总部设在首都巴西利亚，并且在里约热内卢、圣保罗、圣路易斯和塔巴廷加设有地区分部。巴西国家传媒公司设有专门的听证部门，协调公民与公司之间的沟通和互动，便于促进公民参与媒体建设。

巴西国家传媒公司拥有一批重要的媒体，涵盖通讯社、电视和广播，例如巴西电视（TV Brasil）、巴西通讯社（Agência Brasil）、国家广播电台（Radioagência Nacional）、里约热内卢国家调幅广播（Rádio Nacional AM do Rio de Janeiro）、巴西利亚国家调幅广播（Rádio Nacional AM de Brasília）、巴西利亚国家调频广播（Rádio Nacional FM de Brasília）、里约热内卢 MEC 调幅广播（Rádio MEC AM do Rio de Janeiro）、里约热内卢 MEC 调频广播（Rádio MEC FM do Rio de Janeiro）、亚马孙国家短波广播（Rádio Nacional da Amazônia OC）、阿托·索利蒙斯国家调幅广播（Rádio Nacional AM do Alto Solimões）和阿托·索利蒙斯国家调频广播（Rádio Nacional FM do Alto Solimões）。一方面，巴西国家传媒公司承担政府宣传的角色，例如创办于 1935 年的《巴西之声》(A Voz do Brasil) 节目经由全国的广播电台转播传送至国内各个角落；另一方面，巴西国家传媒公司

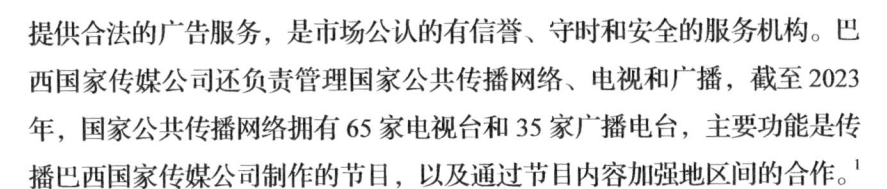

提供合法的广告服务，是市场公认的有信誉、守时和安全的服务机构。巴西国家传媒公司还负责管理国家公共传播网络、电视和广播，截至 2023 年，国家公共传播网络拥有 65 家电视台和 35 家广播电台，主要功能是传播巴西国家传媒公司制作的节目，以及通过节目内容加强地区间的合作。[1]

巴西国家传媒公司旗下的巴西电视是为了满足巴西社会对独立和民主的国家公共电视台的期望而成立的，于 2007 年 12 月开播，其节目内容始终以公民关心的问题为核心，坚持新闻职业态度，向社会大众提供多元的信息服务。巴西电视是巴西唯一一个播放面向残疾人的免费节目的电视台，并且对儿童群体观众给予特别关注，播放的儿童节目均无广告。该电视台设有国际频道，即巴西电视国际频道（TV Brasil Internacional），专门面向国外受众以及在海外生活的巴西侨民宣传巴西的经济、政治、社会和文化等各方面的现实情况。该频道用葡萄牙语向观众播放新闻节目、纪录片、儿童节目、文化节目等，其中《世界上的巴西人》（*Brasileiros no Mundo*）是专门为侨居海外的巴西人播放的节目。国际频道于 2010 年 5 月开播，初期在 49 个非洲国家落地，后来逐步在拉美国家通过有线电视形式播放，目前也在葡萄牙、日本和美国传播。观众可以通过卫星、有线电视、网络等方式收看巴西电视国际频道，《世界上的巴西人》栏目在 Facebook 上也有播放平台。

巴西国家传媒公司的国家广播电台成立于 2004 年 10 月，平均每天播放 80 个广播节目，听众达几百万人。

此外，公司旗下的巴西通讯社成立于 1990 年，后并入巴西国家传媒公司。该社于 1996 年创建了网站。如今，巴西通讯社制作的内容被巴西国内几千个网站和纸媒采用，并且被翻译成英语和西班牙语供国外媒体使用。通讯社依托网站和社交媒体，报道巴西各领域的重大事件，每天发布几百条内容。只要注明来源，该通讯社的信息即可免费使用。

除了巴西国家传媒公司，参议院电视台（TV Senado）和众议院电视

---

1 详情参见：https://www.ebc.com.br/（2023 年 8 月 8 日读取）。

台（TV Câmara）是巴西立法机构——巴西国会拥有的重要媒体。参议院电视台是巴西第一家覆盖全国的立法机构电视台，每天播放联邦参议院的相关活动。该电视台成立于1996年2月，初期仅在首都巴西利亚播放，每日节目时长15小时；1996年5月，通过数字卫星技术，电视台的节目覆盖到全国。开播一年内，即达到每日24小时节目不间断播放的目标。如今，观众可以通过卫星、有线电视、网络等方式收看参议院电视台的节目。在YouTube平台，参议院电视台是巴西首批实现多节目直播的媒体，除了直播参议院的活动，电视台还制作每日新闻、采访节目、纪录片、文化节目、数字节目等内容。成立于1998年1月的众议院电视台旨在播放全体会议和众议院委员会的讨论和投票情况，是提供信息服务和维护公民权利的公共电视台。节目类型包括报道、采访、辩论、纪录片等，电视台还通过招标形式播放由独立制作单位制作的节目。与参议院电视台一样，众议院电视台每天24小时不间断播放，节目信号覆盖全国。除了卫星、有线电视、网络等方式，观众还可以通过YouTube等社交媒体观看节目。该电视台制作的节目荣获过多项传媒大奖，例如2004年至2010年间，七个节目获得巴西新闻界最高奖项——弗拉基米尔·赫尔佐格新闻奖；2018年，由众议院电视台制作的讲述南马托格罗索州农民与原住民群体之间的土地冲突的纪录片——《巴西土地》（Terras Brasileiras）获得巴西利亚电影节和马拉尼昂州瓜尔尼斯电影节大众评审团的奖项。

巴西的主流媒体均被掌握在几大传媒巨头手中，例如环球传媒集团（Grupo Globo）、旗手传媒集团（Grupo Bandeirantes）等。它们均是私营企业，因此在争夺话语表述权方面，巴西政府掌控的公共媒体面临较大挑战。

4.4.5　国家话语外译能力

翻译是实现对外政治话语表述的关键环节，作为翻译主体的译者在其中起重要作用，因此，翻译人才的培养一定程度上影响着一个国家的话语外译能力。圣卡塔琳娜联邦大学是巴西第一所开设翻译学学术研究生培养点的大学，也是拉丁美洲第一所设置翻译学博士培养点的大学，是巴西在翻译领域内最具影响力的高校之一。本节以该校的翻译学科建设为例，从一个侧面反映巴西的国家话语外译能力。

2003年，圣卡塔琳娜联邦大学创建翻译学研究生项目（Programa de Pós-Graduação em Estudos da Tradução，简称PGET），次年开始正式招生。该项目的设立使得翻译学从文学、语言学等领域的研究方向之一转变为一门专门的学科，将原本散落于各领域的翻译学研究人员凝聚在一起，确立了这门学科的独立地位。创立之初，翻译学研究生项目的教师队伍由一批在文学、英语、语言学等与翻译密切相关的领域深耕多年的老教授以及刚刚开始职业生涯的年轻教师组成。2008年，翻译学研究生项目正式提出申请，希望设立博士学位点，该申请在同年获得批准。2009年，圣卡塔琳娜联邦大学开始招收首届翻译学博士研究生。

自2009年起，圣卡塔琳娜联邦大学翻译学研究生项目成为欧洲翻译研究学会成员，进一步加强了该项目与外国机构间的人员交流，为其国际化提供有力渠道的同时，也在国际层面提升了巴西翻译学科的知名度。鉴于其高水平的师资和较强的科研教学水平，巴西教育部对翻译学研究生项目的评级不断提升，在2004年至2016年期间，评级从3分提升至6分（最高分为7分），被列入巴西的优秀研究生项目。据统计，截至2021年年底，翻译学研究生项目共有187篇博士论文和349篇硕士论文完成答辩。

翻译学研究生培养方案规定，硕士生最低学分要求为24学分，博士生最低学分要求为48学分，学生须在规定时间内修满学分并完成答辩后方可毕业。每学期开设不同科目，每个科目对应4个学分、60个学时，具体内容见表4.4。

表 4.4　圣卡塔琳娜联邦大学翻译学研究生课程设置[1]

名称	内容	学时	学分
翻译史 I	研究翻译理论史上的重要事件和主要著作，以激发学生对理论问题的思辨，拓展其分析视野并促进其将翻译作为一种历史、文化、政治和意识形态现象的批判性反思	60	4
翻译史 II		60	4
翻译理论 I	研究 16—21 世纪翻译理论的基本概念，使学生了解翻译理论与实践的相互影响	60	4
翻译理论 II		60	4
翻译批评	研究和分析不同体裁、语言、作者和时代的翻译文本、翻译策略及翻译意识形态	60	4
翻译评论	将理论模型和翻译策略应用于虚构或非虚构类文本的分析以及评论和注释翻译的实践	60	4
翻译与跨媒介	研究翻译与文学、戏剧、电影、歌剧、漫画、艺术（视觉、声音、图形、表演）、游戏等不同媒介之间的关联	60	4
翻译与口译教学	研究涉及口语和/或手语的翻译和口译教学方法	60	4
翻译与手语	研究当代翻译研究的历史和理论，研究手语翻译	60	4
口译与手语	围绕不同的口译模式（同声传译、交替传译、耳语传译、对话传译等）及不同领域（会议、社区、医疗、教育等）展开研究，研究手语口译员的口译策略	60	4
手语翻译与口译研究方法	介绍聋人研究的研究方法，并特别关注手语的翻译和口译	60	4
专题研讨 I	邀请本校教师、客座教师或外籍教师围绕个人研究开办讲座，为学生提供了解翻译研究中的不同观点和研究方法的机会	60	4
专题研讨 II		60	4
专题研讨 III		60	4
翻译学与跨学科	通过国际合作体系，从科学和学术角度理解不同知识领域和文化之间的相互关系和交叉点	60	4
翻译实践讲座	研究文本翻译、理论模型和翻译策略的应用	60	4
研究讲座	促进博士生和硕士生参与核心项目和研究小组	60	4

（续下表）

1　资料来源：https://ppget.posgrad.ufsc.br/estrutura-curricular/（2024 年 3 月 1 日读取）。

（接上表）

名称	内容	学时	学分
翻译工坊 I	翻译不同领域的专业文本，以便每个参与者发展和深化该领域的实践及理论知识	60	4
翻译工坊 II		60	4
教学实践 I	学生以助教或教师身份参与教学活动，在实践中运用和内化课上习得的理论知识	60	4
教学实践 II		60	4

除教学活动外，期刊也是翻译学研究生项目的重要组成部分。1996年圣卡塔琳娜联邦大学翻译领域的一批教授创立《翻译笔记》（Cadernos de Tradução）期刊，该刊是巴西国内公认的顶级翻译学期刊，被多个国内和国外数据库索引，并被巴西高等教育人员促进会评为 A1 等级，即巴西期刊分类中的最高等级。该期刊的主要目标是以原创性、独创性、清晰性和相关性为原则，发表巴西国内外翻译研究领域的高质量研究成果，跟踪该领域的前沿热点，为翻译学做出有效的学术贡献。在翻译学研究生项目创立前，该期刊起到了凝聚各专业中翻译方向研究人员的作用，也为后来项目的创立起到了奠基作用。

4.5 小结

在政府的有力支持下，巴西国家语言战略能力建设取得了一定成就，在国家外语教育、国家通用语国际拓展、国家语言人才资源掌控和国家对外话语表述等方面呈现出积极的发展趋势，但是，它们在各有特点的同时也面临现实的问题。

在国家外语教育层面，巴西的语言政策体现出注重语言和文化多样性、从经济和地缘政治的角度推动重要语言学习的特点；在具体的政策实施过程中，不管是巴西高考还是《国家教材计划》都体现出巴西政府对英语和西班牙语给予了一定程度的合法地位，削弱了其他语言的重要性。巴西高校的外语教育从专业建设、人才培养、教学方法等层面体现出良好的发展态势，并且积极为巴西社会的外语学习需求服务。随着中国与巴西的交往合作日益密切，汉语学习的热度近年来在巴西只增不减，从孔子学院到高校汉语专业，从葡中双语学校到研究生阶段的中巴关系研究课程，越来越多的巴西民众走进课堂学习中国语言和文化。但总体而言，目前巴西的汉语教育在师资队伍建设、教学资源整合、教学方式和内容的创新等方面还有较大的提升空间。

在国家通用语国际拓展层面，巴西是葡萄牙语国家中开展葡萄牙语国际拓展的重要力量。依托巴西外交部下设的吉马良斯·罗萨学院，以及葡萄牙语国家共同体下设的葡萄牙语国际研究院等平台，巴西积极开展葡萄牙语的国际传播，推广 Celpe-Bras，加强对外葡萄牙语师资培养，大大增强了葡萄牙语的国际拓展能力。

在国家语言人才资源掌控层面，巴西虽然没有建设专门用途的国家级语言人才数据库，但协会组织收集和分享的语言人才数据一定程度上满足了国家和社会对语言人才的需求。

在国家对外话语表述层面，巴西的话语战略事务管理能力、国家领导人话语能力、国家机构话语能力、国家媒体话语能力和国家话语外译能力均有不同程度的发展，为面向巴西国内外传播国家的主流意识形态和价值观念、增强巴西在国际社会的地位和影响力起到了一定的作用。未来，巴西还须进一步加强国家媒体话语能力和国家话语外译能力建设，从而更好地塑造国家形象，提升国际话语权。一方面，在对外话语表述的构建上，巴西政府需要进一步完善自身的公共媒体机构，利用新技术和新手段增强传播效果，扩大传播覆盖范围，以突破当地传媒巨头对话语权的掌控；另一方面，巴西仍须加强政治话语的外译工作，重视政治话语翻译人才的培养，可以进一步探索国内外译者协同合作的方式，以提高政治话语的传播效果。

第五章
总结与启示

　　国家语言能力建设的主体是政府，体现的是国家意志，主要目的是提高运用语言处理国家相关事务的能力。与此同时，国家语言能力建设离不开民众和非政府组织的支持，体现出国家语言能力建设既要为国家服务，又要满足民众的语言文字需求。

　　巴西社会语言发展共经历四个阶段，由于历史原因，其语言生态的变迁相较西方国家而言更为复杂。在原住民语言期，原住民语言是巴西的主体语言，以图皮语和图皮纳巴语为主的本土语言在无政策规划的情况下自然发展。在多语言共存期，葡萄牙语和非洲语言作为外来语言，分别跟随殖民者和黑人奴隶登陆巴西，后融入当地的语言生态，形成葡萄牙语、原住民语言、非裔巴西语言等多种语言共存的语言格局。这一时期，原住民语言依旧占据主导地位，但随着殖民社会制度的逐步形成，葡萄牙语成为巴西统治阶级的语言，为后续葡萄牙语至上语言政策的实施奠定了基础。在葡萄牙语主导期，葡萄牙殖民政府通过立法开始实行葡萄牙语至上的语言政策。一方面，殖民当局对葡萄牙语进行地位规划、习得规划和本体规划，强制当地人民使用葡萄牙语并接受以葡萄牙语为教学媒介语的教育，试图通过语言同化当地民众；另一方面，当局对原住民语言进行打压，将原住民语言界定为劣等语言，由此树立了葡萄牙语在巴西的官方语言和通用语言的地位。进入现代葡萄牙语发展期后，巴西单语语言政策逐步发生转变，以 1988 年《巴西联邦共和国宪法》的颁布为标志，该时期建立了以葡萄牙语为主体、尊重原住民语言权利的语言格局，巴西社会语言的发展也反映了巴西语言政策从无到有、从单语至上到多语并存的演变。

近年来，巴西逐步加大语言能力建设力度。在国家语言治理能力层面，巴西宪法规定，巴西作为联邦制国家，实行权力分立原则，立法权、行政权和司法权分别由国会、政府和法院行使，形成三权鼎立的格局，也构成了巴西最根本的体制框架。以此为依托，巴西形成了一个较为完整的语言治理链条，形成了由国会担当语言立法的发动者和制定者、政府担当语言政策的实施者和推动者、司法机构担当语言政策的监督者的机构治理格局，具备语言立法、语言政策执行与语言政策监督的基本功能，起到了主导国内语言政策走向和规范国内语言使用的作用。在官方机构的推动下，巴西确立了葡萄牙语作为国家官方语言的主体地位，在显性层面对其进行本体规划和习得规划，在隐性层面通过外国人入籍、教育测试等手段巩固葡萄牙语地位。与此同时，以巴西文学院和语言政策研究与发展研究所为代表的民间机构与官方机构并行，成为国内语言治理的推动者。民间机构虽不直接构成国家语言政策制定流程中的组成部分，但通过开展与巴西语言生活息息相关的科研项目，为官方机构的政策制定与调整提供参考和建议，两者相互促进，共同推动国内语言治理的革新。

在国家语言核心能力层面，巴西以教育体系为依托，通过立法将葡萄牙语确立为授课语言和必修科目，要求儿童须在初等教育二年级之前具备识字能力，推动国家通用语在本国国民中的普及。为加强国家通用语的规范使用，巴西知识分子和学者积极探索发展巴西葡萄牙语语法体系，并编纂巴西葡萄牙语词典，从本体规划层面确立了巴西葡萄牙语独立于欧洲葡萄牙语的身份。在国家自然语言处理方面，政府通过资助高校、研究机构、学者等不同研究主体，来提升国家自然语言处理能力、国家机器翻译能力、学习资源普及程度和语料库建设力度，但整体而言，政府在这个领域所发挥的作用仍有待于进一步强化和突出。立足于国家多语言现实，巴西政府确立了以葡萄牙语为官方语言、保障原住民语言权利的语言格局，以回应国家语言的丰富性和多样性，建设国家语言和谐生活。这些努力虽取得了一定的成果，但力度仍显不足。

在国家语言战略能力层面，在全球化背景下，巴西考虑到国内语言使用情况与不同外语所蕴含的经济价值，通过出台《国家教育指导方针与基本法》《国家中等教育课程大纲标准》、第 11161 号法律等系列法律或文件，按照国家发展需求对本国外语教育进行布局，西班牙语和英语成为中学的主要外语科目。在国家通用语国际拓展方面，巴西通过设立专门负责葡萄牙语语言与文化在海外传播的机构和水平测试，推动文化外交和语言传播，并在葡萄牙语国家共同体的框架下进行多边合作，加强葡萄牙语在国际上的推广。巴西国家语言人才资源掌控的工作目前主要由巴西译员协会等非政府组织实施，负责语言人才数据的收集和共享，政府目前并没有建设专门用途的国家级语言人才数据库。借助国家对外话语表述能力，巴西在一定程度上向国内外传播了国家的主流意识形态和价值观念、增强了巴西在国际社会的地位和影响力，但仍须革新传播媒介、强化本国传媒、提升外译能力，以便提升国际话语权和政治话语传播效力。

巴西作为南美洲第一大经济体与南半球首屈一指的发展中国家，在国际政治经济舞台与我国对外战略中占据重要地位。基于相近的发展需求与较强的互补性，21 世纪以来，中国与巴西在中国－巴西高层协调与合作委员会、金砖国家、中国－葡语国家经贸合作论坛等双多边机制下不断深化合作，双边关系在 2012 年升级为全面战略伙伴关系。在这一背景下，围绕巴西开展国别研究、推动双方语言学习和相互借鉴具有必要性与现实性。

通过本书研究，可以发现巴西在国家语言能力建设方面对我国具有一定的启发意义，同时也呈现出较为明显的局限性。就启发意义而言，巴西语言能力建设在以下方面的表现具有其独特价值，值得我们思考与借鉴：

其一，巴西政府以现有外交体系和教育体系为依托，除了在国内层面大力推动本国通用语的普及外，还致力于加强本国通用语在国际上的推广与布局，将葡萄牙语在海外多元群体中的传播以及侨民子女就学问题等议题纳入政策考量。正如现任总统卢拉于2023年8月出席第十四届葡萄牙语国家共同体会议时所提议，葡萄牙语国家应共同努力，推动葡萄牙语成为联合国官方语言之一（Observador 2023）。这反映了巴西以语言推广为抓手，提升国家社会形象与国际地位的战略考量，对我国未来语言能力建设也有一定的启示，即进一步加强国家通用语的国际拓展，以语言为媒介提升国家文化传播能力，为国家发展服务。

其二，巴西国家语言能力建设充分依靠非政府组织的参与。正如前文所述，官方语言政策往往具有一定的滞后性。在这一背景下，高校、研究所等非政府组织通过开展科研项目等途径，为政府制定语言政策提供重要参考，成为沟通政府部门和社会最新需求之间的桥梁。这也说明在建设国家语言能力的过程中，除了要坚持政府的主导作用外，还应积极推动多元主体参与，充分把握非政府组织的灵活性以及与社会联系更为紧密等特质，使其成为弥合官方政策滞后性的有力主体。

其三，重视少数群体语言教育问题，推动国家语言和谐发展。巴西成立专职政府部门，将原住民的诉求纳入立法程序。自1991年巴西教育部统筹全国原住民学校教育以来，巴西政府便设立国家原住民学校辅助办公室等专门机构，来负责国内原住民语言教育政策的拟定和落实，并广泛邀请来自教育部、科研机构、高校、原住民的代表和非政府组织代表参与政策制定过程，旨在保证政策能够最大限度贴合原住民群体的诉求。另外，巴西政府通过设立专门的原住民学校、出版专用双语教材以及培养专门双语师资，为该群体学生提供差异化的跨文化教育，以此保障原住民学生的语言权利和教育公平。

然而，尽管巴西在立法权、行政权和司法权的基础之上形成了一个较为完善的语言治理链条，但却并未设立专门的部委来负责国家语言事务的处理。相较于我国国家语委由教育部、中宣部、广电总局、外交部、文化和旅游部、公安部、科技部、民政部等委员单位组成，巴西政府部门间的协作能力较弱，这也削弱了语言政策的立法速度与落实能力。对比之下，这一定程度上说明了我国语言能力建设在机制层面取得的成就值得肯定。另外，随着智能化和数字化时代的来临，国家语言智能化成为影响国家语言能力建设的重要因素。然而，巴西政府在该领域的领导力仍显不足，智能化的工作主要依靠高校、协会等专业机构推进，几乎不存在顶层设计。未来，巴西政府可出台相应政策，对国内语言智能化建设工作进行引导、规范和鼓励。

参考文献

Ali, S. 1924. *Gramática Secundária da Língua Portuguesa*. São Paulo: Melhoramentos.

Altenhofen, C. V. 2004. Política lingüística, mitos e concepções lingüísticas emáreas bilíngues de imigrantes (alemães) no Sul do Brasil. *Revista Internacional de Lingüística Iberoamericana* (3): 83-93.

Alves, S. K. 2022. *Tradução Automática no Brasil: (Des)automatizando Números e Discursos dos Últimos 30 Anos*. Programa de Pós-graduação em Estudos Linguísticos. Uberlândia: Universidade Federal de Uberlândia.

Baalbaki, A. & T. de Souza Andrade. 2016. Plurilinguismo em cena: Processos de oficialização e legitimação de línguas indígenas. *Policromias – Revista de Estudos do Discurso, Imagem e Som* (1): 69-87.

Brasil. 1988. *Constituição da República Federativa do Brasil*. Brasília: Senado Federal, Centro Gráfico.

Brito, S. N. *et al*. 2020. O ensino da língua materna na educação infantil à luz da base nacional comum curricular (2017): Uma análise comparativa com o referencial curricular nacional para a educação infantil (1998). *Revista Eletrônica do Netlli* (2): 103-119.

Burgos, L. & I. Alves. 2018. Panorama da história sociolinguística do Brasil. *Id on line REVISTA DE PSICOLOGIA* (40): 367-381.

Cabral, A. S. A. C. *et al*. 2016. Indigenous language policies in Brazil: Training indigenous people as teachers and researchers. In L. Filipović & M. Pütz (eds.). *Endangered Languages and Languages in Danger: Issues of*

Documentation, Policy, and Language Rights. Amsterdam/Philadelphia: John Benjamins.

Cardoso, S. A. M. et al. 2016. *Quinhentos Anos de História Linguística no Brasil*. Salvador: Secretaria da Cultura e Turismo do Estado da Bahia.

Carvalho, S. C. 2016. Políticas de promoção internacional da língua portuguesa: Ações na América Latina. *Trabalhos em Linguística Aplicada* (2): 459-484.

Carvalho, S. C. & M. Schlatter. 2011. Ações de difusão internacional da língua portuguesa. *Cadernos do IL* (42): 260-284.

Chaves de Melo, G. 1981. *A Língua do Brasil*. 4 ed. Rio de Janeiro: Padrão.

Conceição, C. N. 2017. Televisão educativa do instituto de educação do estado da guanabara: Tele-educação para o magistério (1960-1975). *Educaçao em Revista* (33): 1-19.

Cooper, R. L. 1989. *Language Planning and Social Change*. Cambridge: Cambridge University Press.

CPLP. 2017. VOLP: Vocabulário Ortográfico da Língua Portuguesa, 6.ª edição. https://voc.cplp.org/index.php?action=von&csl=br (accessd 10/08/2023).

CPLP. 2021. Brasil acolhe segunda formação em «Terminologias Científicas e Técnicas Comuns da Língua Portuguesa» do IILP. https://www.cplp.org/id-4447.aspx?Action=1&NewsId=9339&M=NewsV2&PID=10872 (accessd 12/08/2023).

Day, K. 2012. Ensino de língua estrangeira no Brasil: Entre a escolha *Obrigatória* e a obrigatoriedade *Voluntária*. *Revista Escrita* (15): 1-13.

Day, K. 2016. Políticas linguísticas educativas: Efeitos da contemporaneidade. *Letras Escreve* (2): 39-54.

de Alencar, J. 1960. O nosso cancioneiro. Em J. de Alencar (org.). *Obra Completa*. Rio de Janeiro: Aguilar. 963-982.

de Castilho, A. 2001. Políticas lingüísticas no Brasil: O caso do português

Brasileiro. *Lexis* (1-2): 271-297.
de Castilho, A. 2010. *Nova Gramática do Português Brasileiro*. São Paulo: Contexto.
Dias, J. P. 2019. O ensino da língua nacional no século XIX e a constituição da gramatização brasileira: A produção de Antonio Alvares Pereira Coruja. *Gragoatá* (48): 75-94.
Dias, L. F. 1996. *Os Sentidos do Idioma Nacional: As Bases Enunciativas do Nacionalismo Linguistico no Brasil*. Campinas, SP: Pontes Editores.
Dinis, L. R. & A. O. Neves. 2018. Políticas linguísticas de (in)visibilização de estudantes imigrantes e refugiados no Ensino Básico brasileiro. *Revista X* (1): 87-110.
Domingues, J. E. & L. P. Fiusa. 1996. *História: O Brasil em Foco*. São Paulo: FTD.
Duarte, M. E. L. 1995. *A Perda do Princípio "Evite Pronome" no Português Brasileiro*. Tese (Doutorado em Linguística). Campinas: Universidade de Campinas.
Faraco, C. A. 2008. *Norma Culta Brasileira: Desatando Alguns Nós*. São Paulo: Parábola.
Faraco, C. A. 2012. Lusofonia: Utopia ou quimera? Língua, história e política. Em T. Lobo *et al.* (orgs.). *ROSAE: Linguística Histórica, História das Línguas e outras Histórias*. Salvador: Editora da Universidade Federal da Bahia-EDUFBA. 32-52.
Fausto, B. 2000. *História do Brasil*. São Paulo: EDUSP/FDE.
Figueira-Cardoso, S. & A. da Silva Borges. 2021. Brief history of general languages and language policies in Colonial Brazil. *Bucharest Working Papers in Linguistics* (1): 79-93.
Fischer, S. R. 1999. *A History of Language*. London: Reaktion Books.
Guimarães, E. 1996. Sinopse dos estudos do português no Brasil: A

gramatização brasileira. Em E. Guimarães & E. Orlandi (orgs.). *Língua e Cidadania: O Português do Brasil*. Campinas, SP: Pontes Editores. 127-138.

Houaiss, A. 1985. *A Língua Portuguesa no Brasil*. Rio de Janeiro: UNIBRADE.

IBGE. 1956. Censo Demográfico. Rio de Janeiro: IBGE.

IBGE. 2012. Censo Demográfico 2010: Características Gerais dos Indígenas: Resultados do Universo. Rio de Janeiro: IBGE.

IBGE. 2000. Brasil: 500 Anos de Povoamento. Rio de Janeiro: IBGE.

Ilari, R. & R. Basso. 2009. *O Português da Gente: A Língua que Estudamos, a Língua que Falamos*. 2 ed. São Paulo: Contexto.

INEP. 2003. Mapa do Analfabetismo no Brasil. Brasília.

INEP. 2017. Censo Escolar 2016. Brasília.

INEP. 2022. Censo Escolar 2021. Brasília.

INEP. 2023. Resumo Técnico do Censo da Educação Superior 2021. Brasília.

IPHAN. Inventário Nacional da Diversidade Linguística (INDL). http://portal.iphan.gov.br/pagina/detalhes/140 (accessd 10/08/2023).

IPHAN. 2016. *Guia de Pesquisa e Documentação para o INDL: Patrimônio Cultural e Diversidade Linguística*. vol.1. Brasília: IPHAN.

Jambeiro, O. 2002. *A TV no Brasil do Século XX*. Salvador: EDUFBA.

Jornal do Brasil. 1981. Página 17. Rio de Janeiro: Jornal do Brasil.

Leffa, V. J. 1998. O ensino das línguas estrangeiras no contexto nacional. *Revista Contexturas/Ensino Crítico da Língua InglEa* (4): 13-24.

Lobo, T. 2015. Rosa Virgínia Mattos e Silva e a história social linguística do Brasil. *Estudos de Lingüística Galega* (7): 69-82.

Lorenset, R. B. C. 2014. A historicidade do ensino de língua portuguesa no Brasil: Trilhando (entre) caminhos. *Unoesc & Ciência - ACHS* (2): 155-162.

Lucchesi, D. 2017. A periodização da história sociolinguística do Brasil.

Documentação de Estudos em Lingüística Teórica e Aplicada (2): 347-382.

Lucchesi, D. *et al.* 2009. *O Português Afro-Brasileiro*. Salvador: EDUFBA.

Massini-Cagliari, G. 2004. Language policy in Brazil: Monolingualism and linguistic prejudice. *Language Policy* (3): 3-23.

Mattos e Silva, R. V. 2004. *Ensaios para uma Sócio-história do Português Brasileiro*. São Paulo: Parábola.

MEC. 1997. Parâmetros Curriculares de Língua Portuguesa. Brasília.

MEC. 1998. Referencial Curricular Nacional para a Educação Infantil. Brasília.

MEC. 2010. Diretrizes Curriculares Nacionais para a Educação Infantil. Brasília.

MEC. 2017. Avaliação de Alfabetização Divulgará Resultados em Maio. http://portal.mec.gov.br/ultimas-noticias/211-218175739/47851-avaliacao-de-alfabetizacao-divulgara-resultados-em-maio (accessed 12/08/2023).

MEC. Secretaria de Educação Fundamental. 1998. Parâmetros Curriculares Nacionais: Terceiro e Quarto Ciclos do Ensino Fundamental: Língua estrangeira. Brasília, DF: MEC/SEF: 22-41.

MEC. Secretaria de Educação Média e Tecnológica. 1999. *Parâmetros curriculares nacionais: Ensino médio*. Brasília, DF: MEC/Semtec: 146-153.

MEC. Secretaria de Educação Média e Tecnológica. 2002. *PCN + Ensino Médio: Orientações Educacionais Complementares aos Parâmetros Curriculares Nacionais – Linguagens, Códigos e suas Tecnologias*. Brasília, DF: MEC/Semtec. 93-137.

MEC. Secretaria de Educação Básica. 2008. *Orientações Curriculares para o Ensino Médio: Linguagens, Códigos e suas Tecnologias*. Brasília, DF: MEC/SEB. 85-164.

Mello, H. 2022. Tratamento Computacional do Português Brasileiro. Em H. Mello (org.). *Tratamento Computacional do Português Brasileiro*.

Uberlândia: Universidade Federal de Uberlândia. 1219-1223.

Mendes, E. 2019. A promoção do português como língua global no século XXI- um cenário a partir do Brasil. *Linha D'água* (2): 37-64.

Migalhas. 2010. Lei que proibia a utilização de palavras estrangeiras em propagandas no Paraná é considerada inconstitucional. https://www.migalhas.com.br/quentes/109656/lei-que-proibia-a-utilizacao-de-palavras-estrangeiras-em-propagandas-no-parana-e-considerada-inconstitucional (accessed 24/07/2023).

Ministério da Justiça e Segurança Pública. Naturalização Ordinária. https://www.gov.br/mj/pt-br/assuntos/seus-direitos/migracoes/naturalizacao/o-que-e-naturalizacao (accessed 15/08/2023).

Ministério das Relações Exteriores. 2021. Divisão de Ações de Promoção da Cultura Brasileira. https://www.gov.br/mre/pt-br/assuntos/cultura-e-educacao/promocao-da-cultura-brasileira/divisao-de-acoes-de-promocao-da-cultura-brasileira (accessed 24/07/2023).

Moacyr, P. 1936. *A Instrução e o Império (Subsídios para a História da Educação no Brasil): 1823-1853*. São Paulo: Companhia Editora Nacional.

Monserrat, R. M. F. 2000. Política e planejamento linguístico nas sociedades indígenas do Brasil hoje: O espaço e o futuro das línguas maternas. Em J. Veiga & A. Salanova (orgs.). *Questões de Educação Escolar Indígena: Da Formação do Professor ao Projeto de Escola*. Campinas, SP/Brasília, DF: ALB/FUNAI.

Moore, D. 2011. Línguas Indígenas. Em H. Mello *et al.* (orgs.). *Os Contatos Linguísticos no Brasil*. Belo Horizonte: Editora UFMG.

Mortara, G. 1950. *Estudo Sobre as Línguas Estrangeiras e Aborígines Faladas no Brasil*. n. 2. Rio de Janeiro: Instituto Brasileiro de Geografia Estatística.

Moreno, C. 2004. *Guia Prático do Português Correto: Morfologia.* vol. 2. Porto Alegre: L & PM.

MRE. 2021. Rede Brasil Cultural. https://www.gov.br/mre/pt-br/assuntos/cultura-e-educacao/difusao-da-lingua-portuguesa/rede-brasil-cultural (accessed 12/08/2023).

MRE. 2022. Escolas Homologadas. https://www.gov.br/mre/pt-br/consulado-nagoia/educacao/escolas-homologadas (accessed 23/08/2023).

Mussa, A. 1991. *O Papel das Línguas Africanas na História do Português do Brasil.* Dissertação de mestrado inédita. Rio de Janeiro: Faculdade de Letras da Universidade Federal do Rio de Janeiro.

Observador. 2023. CPLP: Lula quer que comunidade proponha português como língua oficial da ONU. https://observador.pt/2023/08/27/cplp-lula-quer-que-comunidade-proponha-portugues-como-lingua-oficial-da-onu/. (accessed 4/09/2023).

Oliveira, G. M. 2010. Brasileiro fala português: Monolinguismo e preconceito linguístico. *Revista Linguasagem* (1): 1-9.

Oliveira, G. M. 2012. A revista do IILP e as línguas do espaço da CPLP. *Platô* (1): 25.

Orlandi, E. P. 2002. Conhecimento linguístico, Filologia e Gramática. Em E. P. Orlandi (org.). *Língua e conhecimento linguístico: Para uma história das ideias no Brasil.* São Paulo: Cortez.

Orlandi, E. P. & Guimarães, E. R. J. 2001. Formação de um espaço de produção lingüística: a gramática no Brasil. Em E. P. Orlandi (org.) *Construção do Saber Metalingüístico e Constituição da Língua Nacional.* Campinas. SP: Pontes.

Petter, M. 2006. Línguas africanas no Brasil. Em S. A. M. Cardoso *et al.* (orgs.) *Quinhentos Anos de História Linguística no Brasil.* Salvador: Secretaria da Cultura e Turismo do Estado da Bahia.

Prefeitura de São Paulo. 2021. PROJETO DE LEI EXECUTIVO Nº 436 DE 6DE JULHO DE 2021. https://veja.abril.com.br/coluna/radar/prefeitura-de-sao-paulo-quer-guarani-como-segunda-lingua-oficial-da-cidade (accessed 10/08/2023).

Rajagopalan, K. 2009. The identity of "World English". In G. R. Gonçalves (ed.). *New Challenges in Language and Literature*. Minas Gerais: FALE/UFMG. 97-107.

Rangel, E. O. 2022. A política linguística brasileira para as línguas estrangeiras:confrontando discursos e práticas estatais. Em K. A. Silva (org.). *Línguas Estrangeiras/Adicionais, Educação Crítica e Cidadania*. Brasília: Editora UnB. 31-47.

Ribeiro, J. 1881. *Grammatica Portugueza*. São Paulo: Typ. de Jorge Seckler.

Rodrigues, A. D. I. 1986. *Línguas Brasileiras: Para o Conhecimento das Línguas Indígenas*. São Paulo: Edições Loyola.

Rodrigues, A. D. I. 1993. Línguas indígenas: 500 anos de descobertas e perdas. *Ciência Hoje* (95): 23.

Rosa, M. C. 2013. *Uma Língua Africana no Brasil Colônia de Seiscentos: O Quimbundo ou Língua de Angola na Arte de Pedro Dias, S. J.* Rio de Janeiro: 7Letras.

Seyferth, G. 1999. Os imigrantes e a campanha de nacionalização do Estado Novo. Em D. Pandolfi (org.). *Repensando o Estado Novo*. Rio de Janeiro: Fundação Getulio Vargas.

Shohamy, E. 2006. *Language Policy: Hidden Agendas and New Approaches*. New York: Routledge.

Silva Neto, S. 1963. *Introdução ao Estudo da Língua Portuguesa no Brasil.* 2 ed. Rio de Janeiro: INL.

Silva, V. S. & L. F. M. Cyranka. 2009. A língua portuguesa na escola ontem e hoje. *Linhas Críticas* (27): 271-287.

Souza, M. J. R. & N. F. G. Amaral. 2019. O ensino da língua portuguesa: Origens e relações. *Revista Linguagem & Ensino* (1): 9-34.

Spolsky, B. 2004. *Language Policy*. Cambridge: Cambridge University Press.

Teyssier, P. 1982. *História da Língua Portuguesa*. São Paulo: Martins Fontes.

Todos Pela Educação. 2020. *Anuário Brasileiro da Educação Básica 2020*. São Paulo: Editora Moderna.

UNICEUB. 2021. Dicionários de línguas indígenas estão disponíveis para download gratuito. https://agenciadenoticias.uniceub.br/cultura/dicionarios-de-linguas-indigenas-estao-disponiveis-para-download-gratuito/ (accessed 12/08/2023).

Urban, G. 1992. A história da cultura brasileira segundo as línguas nativas. Em M. C. Cunha (org.). *História dos Índios no Brasil*. São Paulo: Companhia das Letras. 87-102.

Venâncio, R. P. 2000. Presença portuguesa: De colonizadores a imigrantes. Em IBGE (org.). *Brasil: 500 Anos de Povoamento*. Rio de Janeiro: IBGE.

陈道彬，2023，巴西语言政策的衍变与探讨，《西南科技大学学报（哲学社会科学版）》（3）：1-7。

冯志伟，2000，论语言文字的地位规划和本体规划，《中国语文》（4）：363-377+383。

冯志伟，2008，自然语言处理的历史与现状，《中国外语》（1）：14-22。

富斯特，1956，《美洲政治史纲》。北京：人民出版社。

胡开宝、李翼，2016，机器翻译特征及其与人工翻译关系的研究，《中国翻译》（5）：10-14。

李宇明，2011，提升国家语言能力的若干思考，《南开语言学刊》（1）：1-8+180。

苏金智，1993，葡萄牙与巴西的语言推广政策，《语文建设》（8）：44-45+8。

心水，1965，巴西早期的语言研究，《语言学资料》（5）：20-21。

王豪、杨茁，2022，葡语国家共同体框架下的葡语发展策略及启示，《文化创新比较研究》（11）：171-174。

文秋芳，2017，国家话语能力的内涵——对国家语言能力的新认识，《新疆师范大学学报（哲学社会科学版）》（3）：66-72。

文秋芳，2019，对"国家语言能力"的再解读——兼述中国国家语言能力70年的建设与发展，《新疆师范大学学报(哲学社会科学版)》(5)：57-67。

杨菁，2011，浅析外来语言对巴西葡萄牙语的影响，《科技信息》(18)：144-145。

叶志良，2014，巴西学校外语教学的特点及启示，《解放军外国语学院学报》(5)：17-22。

叶志良，2015，巴西土著语言教育政策述评，《语言政策与规划研究》(2)：31-38。

张宝宇，2000，巴西500年历史嬗变，《拉丁美洲研究》（3）：1-8+62。

张翔，2019，孔子学院在中国文化传播中的功能探究——以巴西为例。载丁浩、尚雪娇（主编），《中国与葡语国家合作发展报告（2019）》。北京：社会科学文献出版社：143-159。

赵世举，2015，全球竞争中的国家语言能力，《中国社会科学》（3）：105-118。